创意服装设计系列

服装商品
企划实务与案例

李　正　丛书主编
王　巧　徐倩蓝　李　正　编著

化学工业出版社

·北京·

本书以服装商品企划流程为主线，涵盖从市场研究到服装商品传播策划各个方面，是全面介绍服装商品企划的综合性专业图书。全书围绕服装商品企划特点来构建，以国内外服装企业企划实践为素材，融合服装企划、营销学的基础理论，论述了服装商品企划的特有规律；分析总结国内外服装商品企划的实务案例，系统阐释了服装商品企划的理论方法和模式。全书结构严谨清晰，内容丰富新颖、实用性强，理论联系实践，富有可操作性。

本书专门针对服装品牌的商品企划，不但可作为高等院校服装专业的教学用书，也可为从事服装品牌策划、设计、经营和管理等的专业人员服务。

图书在版编目(CIP)数据

服装商品企划实务与案例 / 王巧，徐倩蓝，李正编著. 一北京：化学工业出版社，2019.2（2025.2重印）
（创意服装设计系列 / 李正主编）
ISBN 978-7-122-33544-9

Ⅰ. ①服… Ⅱ. ①王… ②徐… ③李 Ⅲ. ①服装企业－营销管理 Ⅳ. ①F407.866

中国版本图书馆CIP数据核字（2019）第000124号

责任编辑：徐 娟　　　　　　　　　　　　　装帧设计：卢琴辉
责任校对：宋 玮　　　　　　　　　　　　　封面设计：刘丽华

出版发行：化学工业出版社（北京市东城区青年湖南街13号　邮政编码100011）
印　　装：北京建宏印刷有限公司
787mm×1092mm　1/16　印张10½　字数220千字　2025年2月北京第1版第7次印刷

购书咨询：010-64518888　　　售后服务：010-64518899
网　　址：http://www.cip.com.cn
凡购买本书，如有缺损质量问题，本社销售中心负责调换。

定　　价：68.00元　　　　　　　　　　　　　　　　　　　版权所有　违者必究

两句话

"优秀是一种习惯",这句话近一段时间我讲得比较多,还有一句话是"做事靠谱很重要"。这两句话我一直坚定地认为值得每位严格要求自己的人记住,还要不断地用这两句话来提醒自己。

读书与写书都是很有意义的事情,一般人写不出书稿很正常,但是不读书就有点异常了。为了组织撰写本系列书,一年前我就特别邀请了化学工业出版社的编辑老师到苏州大学艺术学院来谈书稿了。我们一起谈了出版的设想与建议,谈得很专业,大家的出版思路基本一致,于是一拍即合。我们艺术学院的领导也很重视这次的编撰工作,给予了大力支持。

本系列书以培养服装设计专业应用型人才为首要目标,从服装设计专业的角度出发,力求理论联系实际,突出实用性、可操作性和创新性。本系列书的主体内容来自苏州大学老师们的经验总结,参加撰写的有苏州大学艺术学院的老师、文正学院的老师、应用技术学院的老师,还有苏州市职业大学的老师,同时也有苏州大学几位研究生的加入。为了本系列书能按时交稿,作者们一年多来都在认认真真、兢兢业业地撰写各自负责的书稿。这些书稿也是作者们各自多年从事服装设计实践工作的总结。

本系列书能得以顺利出版在这里要特别感谢各位作者。作者们为了撰写书稿,熬过了许多通宵,也用足了寒暑假期的时间,后期又多次组织在一起校正书稿,这些我是知道的。正因为我知道这些,知道作者们对待出版书稿的严肃与认真,所以我才写了标题为"两句话"的"丛书序"。在这里我还是想说:优秀是一种习惯,读书是迈向成功的阶梯;做事靠谱很重要,靠谱是成功的基石。

本系列书的组织与作者召集工作具体是由杨妍负责的,在此表示谢意。本系列书包括《成衣设计》《服装与配饰制作工艺》《童装设计》《服装设计基础与创意》《服装商品企划实务与案例》《女装设计》《服饰美学与搭配艺术》。本系列书的主要参与人员有李正、唐甜甜、朱邦灿、周玲玉、张鸣艳、杨妍、吴彩云、徐崔春、王小萌、王巧、徐倩蓝、陈丁丁、陈颖、韩可欣、宋柳叶、王伊千、魏丽叶、王亚亚、刘若愚、李静等。

本系列书也是苏州大学艺术研究院时尚艺术研究中心的重要成果。

苏州大学艺术研究院副院长　李正

2018 年 7 月 8 日

前　言

在服装严重同质化的时代，如何满足消费者的需求，如何在产品和风格上形成企业不可替代的核心竞争力，已经成为现代服装商品企划的主要诉求。

服装商品企划是系统介绍服装商品策划流程和服装设计企划、管理过程的综合性学科，它以企划学原理为基础，根据服装的经济实用属性、商品属性、社会属性、艺术属性、功能属性、科技属性等特点进行策划，是一个符合时代潮流特征、具有整合计划的全面策划过程。服装商品企划要解决的就是为消费者提供何种类型服装的问题。

本书共分为九章，其中，服装商品企划的基础知识、服装产业现状分析、服装企业产品开发流程前三章为基础理论部分；服装商品企划要素、市场细分及品牌定位、服装商品的组合策划、服装商品的营销策略、服装商品的传播策略、服装商品企划的案例分析后六章为理论应用及实践部分。注重理论的可操作性是本书编著的宗旨，本书以大量的实例、图表说明理论内容，力求内容生动、形式丰富，让理论对实践更具有指导意义。

本书由王巧、徐倩蓝、李正编著。编著者在编写过程中查阅了大量国内外相关专业资料，并引用了其中一些有价值的论点和实例，在此特予说明并致以诚挚的谢意。在本书编写过程中得到了苏州大学艺术学院、苏州大学应用技术学院领导、老师的大力支持。此外，书中选取了苏州大学应用技术学院服装与服饰设计专业、服装设计与工程专业学生的优秀作品，在此向提供作品的同学们表示感谢。最后，特别感谢湖州师范学院徐崔春老师、苏州市职业大学张鸣艳老师、苏州大学王小萌老师、苏州大学唐甜甜老师、合肥师范学院宋柳叶老师、苏州大学艺术学院研究生杨妍同学等对本书的大力支持。

因服装行业发展迅速，商品企划的市场数据、组合策略及营销方式更新较快，书中难免有遗漏及不足之处，敬请各位专家、读者指正。

编著者

2018 年 11 月

目 录

第一章　服装商品企划的基础知识 / 001

第一节　商品企划概述 / 001
　一、商品企划的基本概念 / 001
　二、服装商品企划的形成与发展 / 002
　三、服装商品企划的核心思想 / 003
第二节　服装商品 / 005
第三节　服装商品企划内涵 / 006
　一、服装商品企划的"主体" / 006
　二、服装商品企划的"内容" / 006
　三、服装商品企划的"对象" / 007
第四节　服装商品企划对服装企业发展的
　　　　重要性 / 008

　一、商品企划的核心目标是使市场营销
　　　活动效果达到最佳 / 008
　二、商品企划的本质是实现营销目标的
　　　计划和管理 / 008
第五节　服装商品设计企划的要点 / 009
　一、合理规划设计企划元素 / 009
　二、明确品牌定位 / 010
第六节　服装商品企划的流程 / 010
　一、服装商品企划的步骤 / 010
　二、服装商品企划的实施 / 011
　三、服装商品企划流程的图解 / 012

第二章　我国服装产业现状分析 / 013

第一节　时尚消费者分析 / 013
　一、需求多样化 / 013
　二、诉求悦己化 / 014
　三、过程体验化 / 014
第二节　服装市场结构分析 / 014
　一、服装市场结构的特点 / 014

　二、服装市场结构 / 017
第三节　服装市场特点分析 / 021
　一、流行性 / 021
　二、季节性 / 021
　三、地域性 / 022
　四、层次与多样性 / 022

目 录

第三章　服装企业产品开发流程 / 023

第一节　以企划为主导的产品开发流程 / 023
一、以企划为主导的产品开发流程内容 / 023
二、企划为主导的产品开发流程的特点 / 031

第二节　以设计师为主导的产品开发流程 / 032
一、关于设计师主导的服装品牌 / 032
二、设计师主导的服装品牌产品开发流程 / 034
三、产品开发流程管理 / 039

第三节　以时尚买手为主导的产品开发流程 / 040
一、时尚买手的分类 / 041
二、买手的市场行为 / 042

第四章　服装商品设计企划要素 / 047

第一节　服装商品主题企划 / 047
一、主题企划的一般内容 / 047
二、主题表达与要素汲取 / 050

第二节　服装款式企划 / 052
一、服装品类数量设定与构成比例 / 052
二、廓形与细部结构企划 / 054

第三节　服装面料企划 / 058
一、面料的选择及定位 / 058
二、面料企划的基本流程 / 059
三、每季面料种类开发企划 / 061

第四节　服装色彩企划 / 062
一、产品中的色彩预测 / 063
二、服装色彩企划的基本流程 / 064
三、每季主题色彩组合策划 / 067
四、趋势预测及主题表达 / 068

第五章　市场细分及品牌定位 / 071

第一节　市场细分战略 / 071
一、基于消费群体的市场细分 / 071
二、基于消费习惯的市场细分 / 076
三、基于服装产品的市场细分 / 079

第二节　品牌定位的基本构成要素 / 080
一、基于服装产品的品牌定位 / 080
二、基于目标市场的品牌定位 / 082
三、基于竞争对手的目标定位 / 086
四、基于情感导向的品牌定位 / 087
五、基于设计师风格的品牌定位 / 087

目 录

　　六、基于社会文化的品牌定位／088
第三节　服装品牌命名和标识设计／089
　　一、服装品牌的命名／090
　　二、服装品牌标识设计的基本原则／093

第四节　服装品牌个性与形象选择／095
　　一、服装品牌个性的构成元素／096
　　二、服装品牌形象的选择／098

第六章　服装商品的组合策划／100

第一节　服装商品组合的基本概念／100
　　一、服装商品组合的内容／100
　　二、服装商品组合的品类管理／103
　　三、服装商品组合的原则／105
第二节　服装商品组合策略／106
　　一、款式廓形组合／106
　　二、价格组合／107
　　三、色系组合／109
　　四、上市波段组合／110
第三节　服装商品组合的必要性及意义／111
　　一、服装商品组合的必要性／111
　　二、服装商品组合的意义／113
第四节　服装商品组合的实施流程／113

第七章　服装商品的营销策略／116

第一节　营销渠道的选择／116
　　一、百货商店（Department Store）／116
　　二、连锁专卖店（Chain Store）／117
　　三、一站式购物中心（Shopping Mall）／117
　　四、买手集成店（Buyer Integrated Store）／118
　　五、网店（Online Store）／119
　　六、快闪店／119
第二节　视觉营销企划／119
　　一、主题规划与橱窗设计／120
　　二、VP、PP、IP 区域的规划与布置／123
　　三、店铺陈列的方式／124
第三节　常见的服装产品宣传手段／127
　　一、社交媒体宣传／127
　　二、平面视觉广告／129
　　三、以时装周为媒介／131
　　四、运用特殊文化语境／132
第四节　销售促销战略的制订与实施／136
　　一、促销方式的特点／136
　　二、促销方式的运用／136
　　三、小结／137

目 录

第八章 服装品牌的传播策略 / 138

第一节 品牌传播的定义 / 138
 一、广义的服装品牌传播 / 138
 二、狭义的服装品牌传播 / 138

第二节 服装传播中的品牌溢价 / 138

第三节 服装品牌传播的内容元素 / 139
 一、品牌标识 / 140
 二、形象代言人 / 141
 三、包装、产品与服务 / 142

第四节 服装品牌传播的手段 / 143
 一、广告 / 143
 二、事件营销 / 144
 三、公关传播 / 145
 四、人际传播 / 145

第五节 服装品牌传播的媒介 / 146
 一、服装品牌传播的主要媒介 / 146
 二、品牌创立各阶段的传播策划 / 147
 三、品牌形象的搭建与传播 / 148

第九章 服装商品企划案例 / 150

第一节 意织品牌 2019 ~ 2020 年秋冬服装商品企划 / 150
 一、意织品牌简介及品牌定位 / 150
 二、意织品牌 2019 ~ 2020 年秋冬服装商品企划 / 150

第二节 Y-BRAND 品牌 2019 ~ 2020 春夏服装商品企划 / 155
 一、Y-BRAND 品牌简介及品牌定位 / 155
 二、Y-BRAND 品牌 2019 ~ 2020 年春夏服装商品企划 / 155

第三节 COLOR 品牌 2019 ~ 2020 年秋冬服装商品企划 / 157
 一、COLOR 品牌简介及品牌定位 / 157
 二、COLOR 品牌 2019 ~ 2020 年秋冬服装商品企划 / 157

参考文献 / 160

第一章
服装商品企划的基础知识

在服装严重同质化的时代，如何满足消费者的需求，如何在产品品质与产品风格上形成企业不可替代的核心竞争力，如何树立自身品牌特色，在愈加激烈的竞争中谋得长久发展，关键在于导入服装商品企划。

服装商品企划是基于目标顾客的生活方式，以目标顾客的审美趣味和价值标准为指向，满足消费者自我实现的欲求。它的鲜明特点是理性思维与感性思维的融合，具有全方位、深层次，兼有分析、策划、实施和控制等功能，能够为品牌的长远发展提供指导意义。现今服装商品企划应该特别注意：

（1）商品企划实施过程的可操作性；
（2）商品企划市场定位的精准性；
（3）商品企划团队的配合度及执行力。

第一节 商品企划概述

服装商品企划包括从商品概念的建立到最终商品上架销售期间所要做的一切事情。经历一系列的发展后，它已经成为服装企业经营战略的重要组成部分。

一、商品企划的基本概念

"MD"就是"Merchandising"的缩写，美国市场协会（the America Marketing Association AMA）在1948年对商品企划做了如下定义："为了在适当的时间、以适当的价格向市场提供适当数量的、适当的商品而进行的策划。"服装商品企划体现了五方面的原则，即适当的产品（right merchandise）、适当的场所（right place）、适当的价格（right price）、适当的数量（right quantity）、适当的时机（right time）。

20世纪60年代，时尚行业发展得更加迅速，AMA对商品企划进行了重新定义，即企业为了实现营销目标，采用最为有利的场所、时间、价格、数量，将特定商品推向市场所进行的计划和管理。

商品企划是结合理性思维与感性认知的方法。理性思维包括对销售数据的分析解读与整合、市场信息的分析、商品结构的预测、营销策略的配合等。感性认知包括对色彩、款式、面料、工艺等市场流行信息的收集与整理。

简而言之，服装商品企划是企业为了实现近期经营目标和长期发展战略，针对一个季节、一个年度的服装商品运营所做的系统性规划。它与企业的经营模式和市场发展水平是相适应的。服装商品企划的意义就在于它把设计开发、产品生产、品牌建设和市场营销整体纳入商品运营的规划范围，使它们协调一致，实现优化组合，从而使商品在占领市场的基础上，有效地增加品牌附加值，提升品牌溢价能力，使品牌确立市场地位，实现品牌资产的增值。

二、服装商品企划的形成与发展

商品企划作为一个全新的概念，最早来自于美国，它是在服装产业工业化背景下发展起来的。到了 20 世纪 60～70 年代，服装产业进入工业化流程，所面临的问题就是如何让更多的消费者了解，并且能够买到流行的甚至是更多可以迅速推广的产品。

大多数国内外院校里设有专业研究商品企划研究课题，像纽约服装技术学院、日本文化服装学院、北京服装学院、东华大学等，他们都在研究同一个问题：在服装产业工业化的背景下，服装企业如何更快捷地满足市场及消费者的需求。企业要做的重要工作就是如何将设计、生产和其他资源进行整合，使资源最大化、满足市场的速度最快化，在这个前提下，商品企划也逐渐由理论变成了可以实施的一门学科。

在 20 世纪 50 年代，美国的一些服装企业有目的地对消费者采用"拉动消费"的策略，也就是吸引消费者对流行的关注，让消费者产生兴趣，从而引导服装的流形走向。但到了 60 年代，随着营销思想的改变，欧美等国开始对消费者采用"推"的策略，开始有目的、有计划地进行资源整合，使产品的发展满足消费者的需求。通过资源整合以便对企划内部的流行、面料、辅料进行管理，并详细研究消费者需求，以最快捷的方式满足市场需求。所以，商品企划被欧美、日本的服装企业提到了一个重要的日程上。

我国的服装企业仅用了十几年的时间，就达到了欧美等国四五十年时间所达到的水平，使我国的服装产业水平与欧美等国达到了同一个平台上，在服装的流行资讯、生产、服装工艺等方面，甚至在某些领域已经超过了他们。我国虽然是世界上最大的服装生产国，但却没有可以走出国门的国际品牌，虽然我们在生产能力上与欧美等国不相上下，但在企业经营、市场营销、市场的掌控能力及需求预测等方面却无法与世界接轨。商品企划在整个服装产业工业化的过程中起着推动发展的作用。中国企业要想做品牌，必须在生产、设计、营销等方面做得更流行、更专业，这也是提升企业内在竞争力的关键。

概况来说，我国服装商品企划的形成与发展经历以下三个时期。

一是产品企划时期。它包括服装工业发展初期的成衣化阶段，进入服装消费快速增长期的规模效益阶段，以及服装品种日益丰富、服装消费进入多元化的开发主导阶段。这一时期它以产品为主导，商品企划主要通过多样化的产品品类来实现。

二是营销企划时期。随着原创性产品逐渐减少而模仿性产品日益增加，市场上同类产品的竞争日趋激烈，企业经营的重心开始转向商品的促销。在此阶段，企业进行产品定位时广泛采取了市场细分策略。

三是品牌企划时期。当新理念成为企业的共识，经营技巧再无秘密可言时，企业只能走个性化的道路，品牌时代就是必然的归宿。在市场竞争中，以品牌形象突出自我、赢得顾客，成为企业经营的主旋律。从服装品牌的总体水平看，我国服装企业已进入品牌企划的初级阶段，即将进入品牌企划的中级阶段。

经历三个企划时期，服装企业的品牌运作已从单款王牌进入到系列主打的阶段，服装企业一方面应该站在主导的立场把控好整盘货品，使其具有合理的结构；另一方面应该对设计元素、主题进行规划以达到系列设计的强度结合（图1-1）。

图 1-1 我国服装商品企划经历的三个时期

三、服装商品企划的核心思想

服装商品企划随着服装产业的发展而变化，经历了从无品牌意识、品牌意识模糊到品牌意识强化的发展阶段，它始终以消费者为中心、以企业发展为目标、以互利做基础、以沟通树形象，让消费者体验到产品价值，获得最大的利益空间。

（一）以消费者为中心

"以消费者为中心"是服装商品企划的中心理念，它区别于传统的尊重消费者、提供优质服务、给顾客打折促销等概念，而是以目标消费者的生活方式、审美趣味和价值标准为指向，通过提供产品及服务，营造卖场氛围，利用现代化科技手段进行广告传播，为他们创造充分表达自我、享受生活体验、获得社会归属感的平台，并在此过程中得到精神上的愉悦。"以消费者为中心"的基础就是做好消费者的定位与划分，图1-2是斐娜晨（FIONA CHEN）品牌在进行商品企划时所做的女性消费者划分，具体包含年龄、个性风格、穿着习惯、经济能力等方面，总结出斐娜晨（FIONA CHEN）品牌的核心消费者是属于25～29岁的新婚期、30～35岁的育儿期女性。

（二）以发展为目标

服装企业的设计、生产、营销三个环节缺一不可，相辅相成。服装商品企划作为一种系统的营销组织方式贯穿了设计、生产、经营的全过程，它就是把总体策略细化为具体实施方案，将宏观概念逐步落实为清晰的概念，把发展规划落实为实际行动。

单身期 18~25岁	新婚期 25~29岁	育儿期 30~35岁	满巢期 36~45岁	空巢期 46~59岁
随意性 休闲化	个性化 时尚性	家庭化 品质感	计划性 高标准	理智性 实惠型
经济大都不独立或不完全独立 比其他消费层次有更多的关心价格;消费集中在中低档;购买得最多的是时装和休闲装	有一定的经济基础和文化素养。关注价格和质量,中档消费,主要购买职业休闲装,偶尔会犒劳自己。强调生活品质,注重生活品位,了解国际品牌,认为服装是个人品位和身份象征	较强经济基础,大部分为中高档消费,中高档消费集中人群。希望修饰体型,更多地注重于品牌的知名度,倾向于成熟稳重自信的着衣风格,在此基础上她们还追求服装的出众品味和流行时尚	其中相当一部分为高级白领。她们都有较强的经济基础,在选择服装时会受到文化理念、传统观念、审美标准的影响。而且还要考虑自己的工作性质、职位高低等因素。是高端消费的绝对主体	在社会经济活动中不再居于主导地位,对服装的要求不高或不能要求太高,是职业休闲装的主要消费者。部分消费者家人丰厚的收入足以支持她们高档的消费,看重品质

图 1-2　女性消费者的传统划分方式

"凡是预则立,不预则废"是商品企划依据企业的战略发展方向,有目的、有计划地进行资源整合并进行优化配置,充分发挥一切跟企划目标有关的人力、物力、财力、社会及信息资源的积极因素,使它们以最合理的价格创造最大的价值。在企划的制定和运行中,所体现的是发展的原则,而非单一的经济指标。

(三) 以互利作基础

服装商品企划最终需要面对是来自消费者市场的检验,把握市场需要、了解消费者实际购买需求、瞄准服装市场定位、精准运用符合品牌定位的时尚讯息展开季度产品开发,并将之投放于商品市场,为顾客提供结构合理、价格适中的货品来满足消费者的心声与期待,让品牌与消费者互惠互利,获得双赢。

(四) 以沟通树形象

随着"智能化"和"互联网+"时代的到来,消费服务愈加多元化,单纯靠广告和视觉形象识别系统(VI)设计的时代已经过去,沟通将取代宣传,成为形象工程的关键概念。首先,沟通是一个全方位的概念,它体现在服装设计、包装设计、店铺形象、卖场氛围、导购、促销和宣传等各个环节;其次,沟通是一个立场的概念,在全面展示自己的同时,它更多的是采取倾听、理解、释疑的交流方式,绝不强加于人,从而使企业或品牌成为顾客的代言人,而不是商品的推销者。

如何捕捉消费者的需求,让消费者体验到你的产品价值,最终完成交易,并且让企业获得最大的利益空间,这就是商品企划的核心思想。

第二节 服装商品

服装对于消费来说是心理和社会特征的外在反映，具有向他人传达社会地位、职业、角色、自信心以及个性特征等形象功能。对现代社会来说，服装已经是每个人装饰自己、保护自己的必需品，是一个人生活态度、魅力展现、职业归属的象征品。服装从原始的遮蔽身体的实用功能发展至现代的象征功能，经历了由功能需求到情感需求的过渡。表1-1是服装商品属性。

表1-1 服装商品属性

概念	服装商品	
针对环境	适应自然环境	适应社会环境
服装的属性	自然性	社会性
服装的价值	物用价值（隔热、透气、耐用、舒适）	精神价值（审美、装饰、标识、象征）
服装商品的特征	大众化商品	个性化商品

中国古代的服装经由历朝历代政治、经济、文化、工艺等多方面影响，形成了各具特色的发展趋势，其中有继承、有创新、有中外融合，中山装和旗袍就是东西方服装结合的典范。近现代服装还需从19世纪谈起，受到外来服饰文化的影响，我们对服装型制有了新的认识，尤其是20世纪以来，国内的服装受到外来文化影响逐渐加重，从穿着理念、服装形态、服饰色彩、服装款式等方面一一变化。改革开放之后，我们迎来了经济全球化潮流，大量国外品牌进入国人视野。皮尔卡丹作为对中国服装发展具有深远意义影响的服装设计师，1979年他带来了中国第一场时装秀，并将同名品牌带入国内，刺激了中国时尚产业的发展，给国人着装观念及时尚意识带来较大冲击。

随着商业社会的发展，人类生活中商品物质地不断充盈，我们不可避免地迎来了生产过剩的时代，促使消费者购买形式和观念发生了转变，消费者的品牌意识增强，冲动型购买者日益减少。当消费者面临众多可供选择的服装品牌时不仅需要考虑价格、色彩、质量，往往也会考量服装所带来的情感感受。服装更加显示出消费者的社会归属感，因此我们将"购买服装"与"营造生活方式"连接起来，服装商品企划的关键是充分考虑服装商品的社会属性。国内知名服装品牌例外2011年创立了方所书店，方所策划总顾问、我国台湾诚品书店创始人之一廖美立反复强调说："我们做的不是书店，而是一个文化平台，一种未来的生活形态。"在复合式消费时代，服装品牌已经走出自我，成为一种生活方式、一类文化现象的代表。服装商品当它形成品牌规模效应并形成巨大的社会产业链后会具备强大的社会价值，让消费者获得产品实际功能之外的心理满足感，能够产生强大的品牌附加价值即品牌的溢价能力。

服装商品按照不同类别进行区分，有以下几种（见表1-2）。

表 1-2 服装商品分类

按性别区分	男装	女装	中性装	
按年龄区分	童装	青年装	中年装	老年装
按季区分	春装	夏装	秋装	冬装
按上下装分	上衣	裤子	连体	
按品牌区分	奢侈品	高级成衣	普通成衣	大众成衣
按面料织法分	针织		梭织	
按风格分	欧美	复古	潮牌	学院
	森女	甜美	英伦	休闲
按廓形分	短袖	高领	一字肩	圆领
	长袖	喇叭袖	立领	插肩袖等

第三节 服装商品企划内涵

简单来说，商品企划就是一个将创造力执行于组织中的知识转换系统。因此，商品企划是理性、感性相交而成的思维和管理流程。

一、服装商品企划的"主体"

对服装企业而言，商品企划的制订通常是公司各部门合作的成果，一般由商品企划部门直接负责。这个部门最主要的工作就是联系设计部、生产部以及营销部等相关部门，做好沟通和项目衔接、串联的工作。

要将市场、消费者及设计师等各个方面的信息联系起来，这就需要企划部门具备理性的分析能力、清晰的头脑。消费市场变化莫测，还要求它们具有较强的感性创造能力、组织能力、预判能力，及时应对变化，合理地做出整合、变更，以减少公司的损失。同时，他们还必须具备较高的地位，所以，这个部门的人员往往是从资深设计师中慢慢晋升上来，也可以是以营销为专业并经过服装相关知识培训的采购人员与设计部门的人员联合培养筹备而来。

二、服装商品企划的"内容"

商品企划包括从商品概念的建立到最终商品上架销售期间所要做的一切事情。服装商品企划的主要工作内容如下。

（1）对上一季销售业绩的分析。

（2）查阅服装市场流行信息，掌握市场的最新动向。

（3）及时与零售人员或店长进行沟通，与消费者进行交流，以获得有效的一线数据资源。

（4）预估下一季商品的生产、采购数量，与设计师讨论每一系列所采用的布料与款式。

（5）定期撰写新商品研发报告，在公司业务会议中提出并加以讨论。

（6）参观世界各大时装发布会、重要的布料展，寻找时尚灵感，掌握时尚发展趋势与理念的变化。

（7）与供应布料的合作伙伴定期联系、沟通，合作开发未来将会使用的面料。

（8）与设计师共同完成产品开发计划，确定产品开发主题及系列数量、款式。

（9）与生产部门制订生产波段计划，并进行款式与样衣的制作。

（10）与营销部门合作，制定出合理的营销计划，与公司整体战略相协调。

商品企划可以用以下公式表达：

商品概念的创造与执行＝设计管理流程＋营销计划＋包装推广（图1-3）

（Concept=Management+Marketing+Promotion）

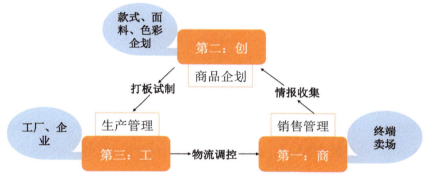

图1-3 商品企划概念的创造与执行

三、服装商品企划的"对象"

在时装零售中，无论是服装、服饰、化妆品、家用饰品等都是品牌对美的传达。美往往是大家购买商品的真正原因，美的定义往往不仅限于外表，而是针对对象的实质。人们所购买的东西，或者其外观，或者其功能，或者其味道能够触动购买者的心。正是这个原因，才令设计师们花尽心思，以确保产品的设计感无处不在，尽可能地将美传达到所有人的心中，使人们产生购买冲动。

商品企划就是用一个经过"精密设计"的计划将产品之美表达出来以达到销售美的目的。一个创意的过程最大的决定因素是人，商品企划是将创意的人、创意的事、创意的物经过一个控管流程，以逻辑推理的方式将"美"的事物在正确的时间用对的方法推到消费者眼前的过程。

如果用一句话来概括，商品企划就是根据消费者的需求，决定用什么价格、多少数量、在什么时间提供他想要的东西。商品企划缩短了顾客与生产者的距离，使产品能够更加快速地应对市场的变化。它就是一种迅速满足顾客需求的有效手段。

第四节　服装商品企划对服装企业发展的重要性

对于服装品牌而言，产品设计是基础，品牌营销是推动力，那么服装商品企划就是把设计开发、产品生产、品牌建设和市场营销整体纳入商品运营的规划范围，将各个环节串联起来，形成一系列相互关联的具体任务。

一、商品企划的核心目标是使市场营销活动效果达到最佳

商品企划的核心目标就是怎么样使市场营销活动达到最佳的效果，让库存更小、销量更多、获利最大。库存控制是过程管理而不是结果，过程处理得好，结果就很容易控制，好多企业只关注结果不关注过程。商品企划就可以设定合理的库存量，制订每周的销售库存目标，并以周为单位进行监测调整，保证不把所有的滞销品都留在季末，最大限度地提升企业效益。

（一）增强价值表现力

商品企划的重要任务之一就是加强产品、服务和品牌的价值表现力，这种价值尤其体现在与竞争对手的较量中。因此，在商品企划中，一定要明确核心价值点，例如产品设计中设计师的个性风格、营销中的营销美学理念、营销亮点等。选择价值点的原则是：特点鲜明，不易模仿，能够形成规模化影响力。在营造品牌价值的时候，我们需要注意提取极具特色的品牌价值，比如售后服务、私人定制、会员制度等方面，这些价值点与其他品牌相比需要具有极强的个性特点。

（二）赢得顾客参与

所有服装品牌进行设计、生产、营销的最终目的都是为了赢得更多顾客的参与，在保持顾客基数的同时，提升消费者对品牌的忠诚度。具体地说，商品企划就是对顾客兴趣、爱好、动机、好奇心的启发和调动，是对顾客信心的培养，它体现在使产品或品牌成为顾客生活方式的象征。可以说，赢得顾客参与是商品企划的基本任务。

（三）提升品牌层次

在国内服装市场日趋激烈的竞争中，打造优秀品牌成为服装企业占据市场优势的法宝，为了提升品牌的核心竞争力和可持续发展能力，企业需要提升品牌层次。

服装商品企划的目标就是在不断改善品牌形成的过程中，逐步提升品牌层次，而它的核心便是策划、创建与运营高层次、特色化的服装品牌。

二、商品企划的本质是实现营销目标的计划和管理

商品企划是企业为了实现营销目标采用最为有利的场所、时间、价格将特定的商品推向市场所进行的计划和管理，其核心是科学有序地建设和运营品牌。如果把企业的经营宗旨比喻为战略

思想，那么，商品企划就是把战略目标分解成几个战术单元，为它们分别制订具体的战术方案。因为服饰企业经营活动的各个环节都有各自的重点和内在规律性，所以，需要把整个商品企划工作划分为几个项目来进行；而为了保证目标的一致性，又必须对商品企划的各个分项进行整合，这个"合中有分"的运作模式就是企划组合。服装商品企划组合的内容和目标见表1-3。

表1-3 服装商品企划的内容及目标

项目	内容	目标
设计企划	服装产品定位与产品总体设计	突出服装风格、完成品类组合
投放企划	服装商品投放于营销网络规划	改善投放技巧、优化网络配置
生产企划	样品试制、工艺制定与生产管理	优化生产管理、保证产品质量
营销企划	营销组合、促销策略与服务模式	增加市场份额、提高服务水平

商品企划就是把所有相关部门以商品为核心价值链全部连接在一起，让企业的整个价值链反应得更快捷，最终完满实现企业的营销目标，实现盈利。

第五节　服装商品设计企划的要点

服装商品设计企划是由服装企业团队协同完成，在产品设计、生产、营销等过程中，企业团队需要注意合理规划设计企划元素以及明确产品设计定位。

一、合理规划设计企划元素

服装企业一般都会对每个季度的产品做商品企划分析，研究哪些颜色、材质、花型、款式的产品销量最好，因为他们会以此来调整后阶段的产品以改变终端的销售。

服装商品企划要素分析尤为重要，它涉及订单量的多少、终端销售量的呈现、宣传推广费用的使用、产品展开方向等。商品企划目的只有一个，提前决定销售情况。合理规划设计企划元素有助于在销售之前通过经验和预测把握时机，在销售中通过销售资讯改变销售结构，在销售后通过计划控制库存量，最终实现企业在整个过程中盈利。

服装商品设计企划的元素包括以下4个方面。

（1）品牌形象。企业形象是服装商品企划的基础，企业形象是品牌核心价值与品牌个性的集中体现。

（2）颜色。色彩是服装商品企划的重要环节，每一季商品色彩主题可通过流行趋势发布会获取，企业可根据市场流行信息进行自我调整。

（3）服装。服装是服装商品设计企划的载体，服装流行的改变体现在服装商品企划的各个部分，如服装款式、廓形、面料等具体地方。

（4）细节。细节部分是服装商品企划的注意要点，领部、袖子、腰部、肩部等细节部位随着每年流行趋势的改变而改变，因此细节部分就是服装商品设计企划的细小却不可或缺的一部分。

服装商品的设计企划始终是围绕着形象、颜色、服装与细节这四大元素不断地展开的。

二、明确品牌定位

品牌与商品不尽相同，品牌代表的是一种形象，一类生活方式，当顾客进入到这种生活状态的时候，马上就可以联想到品牌就是这方面的代表。每个品牌都有自己的个性，品牌的这些个性都源于它明确的定位。品牌是消费者（以及所有其他利益关系人）头脑中感知和理解的印象的总和。

商品的概念不仅包括款式、花色，同时还包括合理的数量和尺码分配、板型等。我们在进行商品企划的时候，必须要明确品牌定位，它是商品企划的出发点、立足点。

品牌定位是在市场定位即确定目标顾客的基础上，对企业经营模式和经营思想的一种表达。品牌定位是服饰企业品牌策略的基本内容，它的宗旨是提高服装品牌价值，其要点如下。

（1）明确品牌层次。品牌层次是在服装市场当中找到自身的归属感，它不仅仅确定品牌所处层次及位置的问题，更多的是反映市场的原则，即品牌特点要与企业发展相适应，品牌层次要与市场定位相适应。

（2）树立品牌理念。品牌理念是传递给消费者最重要的信息，当我们选购商品的时候，一般对于有特殊品牌理念的商品会多加关注。无论品牌定位在哪个层次，抑或是要突出哪些价值，都必须树立自己的理念，因为理念是品牌文化的核心，决定着品牌的价值观念和发展。

（3）突出品牌个性。对品牌进行定位的时候，我们首先会想到的一个问题就是品牌的个性是什么？品牌的独特之处在哪里？既然品牌的基本目标是让顾客能够认识自己，那么个性特征就是品牌的生命。在强调个性时，尽量避免功能性特征，应突出品牌的人格化、情感化特征，因为当今消费者对品牌的追求已不仅限于物质上的满足，而更注重于心灵的满足，品牌的个性必须能让目标顾客产生共鸣或认同。

第六节　服装商品企划的流程

服装商品企划流程管理属于企划部门负责，通过流程管理，及时调控商品生产的节奏与计划，明晰各部门职责与权限，有助于后续工作的顺利展开。

一、服装商品企划的步骤

服装商品企划开始之前，必须明确各阶段的任务、原则和目标，才能保证整个企划过程井然有序，顺利进行。一般情况下，服装商品企划分为分析判断、明确目标、决策定位、平衡调整四个阶段。

1. 分析判断

在服装商品企划的准备阶段，要对市场进行全面分析，包括时尚情报、面料供应、原料、运输及加工成本、营销模式、服务理念、市场细分、价格规律、消费特点和竞争对手等各个方面的情况，并对未来的趋势进行判断。同时，结合企业的产品结构和经营模式、投资和发展计划、资源状况等，明确符合实际的企业经营计划，并以此作为商品企划的提案。

2. 明确目标

根据企划提案，本着可发展和可行性原则，明确企业下一季的市场目标，其中应包括定性方案和量化指标，以此为基础，明确服装商品企划的总体思路。

3. 决策定位

具体完成目标市场和品牌形象的定位，对服装总体设计、商品组合、生产计划、商品投放和营销策略等进行全面策划，力求使各部分协调统一，并制订出评定标准和管理办法，最终形成一套完整的商品企划案。

4. 平衡调整

对初步完成的企划案要加以评估，检查各个环节是否存在原理、观点、方法等方面的误区，判定有无预见性，复核定性及定量指标的准确性，评价质量及安全标准的可靠性，分析整个企划案的可行性。与此同时，还要与竞争对手的情况进行比较，并加以评判。最后，进行必要的修改、调整和测试，以保证企划案尽量达到优化和可行。

二、服装商品企划的实施

1. 服装商品企划的前期准备

服装商品企划的前期准备工作主要是对资讯的收集、评估，为服装商品企划的制订作数据支持，是能够更好地制订出企划的基础。在前期准备中，相关人员会对流行趋势、市场资讯以及相关竞争信息加以收集、分析，提出初步的服装商品企划草案，联系设计部门、营销部门共同对市场需求情况、目标消费群和竞争者进行分析，同时对自身的品牌同类和生产能力进行评估。

2. 制订商品企划书

在全面了解各方面情况后，可更加准确地把握市场脉动，接下来便是服装商品企划的制订了。商品企划书的制订包括本季主题的确定、商品系列款式、风格的确定以及相关颜色和材料的运用，波段计划，成本估算，检查产品线，选择和修正版型，制订生产及销售的相关计划。

整个流程的关键在于各个部门通力合作、积极沟通，尽量避免因沟通不畅而出现各种问题，使设计与营销不协调，致使公司没有达到最初的目标。

三、服装商品企划流程的图解

服装商品企划的流程如表 1-4 所示，服饰制品商品企业组织活动的基本流程如表 1-5 所列。

表 1-4　服装商品企划的流程

顺序 时间	第一步	第二步	第三步	第四步	第五步
第一阶段	公布公司经营目标	公布企划部方针和企划日程	分解经营目标	设定企划数字框架	设定各店铺目标
第二阶段	去年同期商品反省会	搭建商品框架	公布各月商品战略	确立商品主题颜色系列、面料构造	面料开发，款式设计开始
第三阶段	按波动召开看款会	制作订货会样衣准备资料	订货会	面料，成衣下订单	采购面辅料，安排生产计划
第四阶段	拍摄海报等，规划店铺形象，宣传策划	销售、库存、消化率等推移管理表	按照店铺等级配分商品	新品上市	每周召开商品企划会议

表 1-5　企业组织活动基本流程

流行信息、市场信息、竞争信息	➡	企划提案（品牌精神检视）	➡	共同讨论会议（-市场需求评定-厘清目标客群-通路评估-生产线评估-竞争状况讨论）	➡	综合分析、厘清问题点
						⬇
						确认商品/企划书
制造、销售：生产计划、销售计划、行销策略、行销战术、促销方案	⬅	设计展开：款式与样本制作、剪裁缝制原型、初步成本估算、检视当季产品线、选择款式与修正版型	⬅	商品概念形成：流行主题确认（流行意念）、商品系列展开（色彩、材质、风格）、出程波段计划	⬅	

思考与练习

1. 服装商品企划具体包含哪些内容？
2. 生产型企业与销售型企业的商品企划的区别是什么？
3. 我国商品企划发展经历了哪几个时期？分别有什么特征？
4. 你认为当一个品牌进行商品企划的时候，最重要的准备工作是什么？
5. 服装商品企划部门的主要职责是什么？需要具备哪方面素质？

第二章
我国服装产业现状分析

服装产业历经多年发展，呈现多样化发展态势。随着服装产业结构转型升级时代到来，"互联网+""智能制造""自媒体运营""电商经济"等成为生活常见的关键词汇，服装消费者、品牌类型、产业业态、服装市场等显示出多变的发展特点。服装产业现状分析是从宏观范围进行的市场数据收集与分析，奠定服装商品企划的基本方向。

第一节 时尚消费者分析

近年来，国际市场对于中国时尚产业及服装消费者的关注度日益提高。毋庸置疑，我国早已成为全球时尚（服装）品牌的兵家必争之地，需求不断升级、产业环境日渐变化的中国服装业给市场注入新鲜血液和源源不断的发展活力。表2-1为日渐成熟的我国消费者特征。

表2-1 日渐成熟的我国消费者特征

动机	传统消费者特征	消费模式	现代消费者特征
需求	追求品牌	多样化	关注设计、品质、性价比、服务
诉求	主流知名标签	悦己化	准求自我表达和价值观的认同
过程	为了买东西而逛街	体验化	为了感受、体验而逛街
信息	对品牌传递的信息言听计从	扁平化	信息出点多，从社交到口碑
决策	深思熟虑	冲动化	场景触发，想买就买
渠道	线上为主，线上线下断开	合一化	线上线下无缝衔接

一、需求多样化

从需求上来说，我国消费者的偏好日渐多元化，时尚品牌逐渐凸显个性。从整体上来看，品牌知名度、个人风格的设计、精良的制作水准是消费者购买的首要因素。除此之外，在服装品牌的选择上面，消费者开始考虑深层次的品牌情感需求和个人价值体现，更加注重个人的感受。通过麦肯锡第三方数据可知，在被问及购买国际品牌的原因时，六成以上的受访者表示国际品牌是内心深处的首选，超五成的受访者成购买意愿主要由优良服装及卓越体验所决定，超四成的受访者表示只认产品本身功能性，符合心意即可考虑。

其中一部分消费者认为"渴望上流"的意愿是进行中高档服装消费者的主要原因；一部分认为"炫耀自我"是选择品牌的主要原因。"渴望上流"的人群会在各个渠道比较价格，"炫耀自我"则是注重个性，并不在乎不同渠道的价差。

二、诉求悦己化

过去二十多年,我国服装市场尤其是奢侈品市场经历了从无到有的飞速成长期,奢侈品市场由男性为主导的炫耀式消费转变到由女性主导、寻求自我表达和价值观认同为出发点的悦己性消费。在国际品牌迅猛涌入中国的今天,消费者已经不满足于国际品牌带来的合群感,而是更深入地考量品牌与自身价值观的连接,通过选择不同的时尚品牌来满足和表达自己的情感及功能诉求,完成对"本我"的探索。

对于消费者来说,购买不仅仅是金钱和物质的交易,而是品牌故事及其价值观的直观表达。从消费者的反应来说,麦肯锡2017年中国消费者调查数据显示45%的消费者愿意承担环境友好型产品的额外成本,也是就消费者愿意为除去成本价值以外的品牌价值买单,这就大大促进了品牌溢价的提升。

三、过程体验化

在体验式经济大行其道的现今时代,消费者会为了更好的购物体验和休闲娱乐服务支持溢价部分。例如上海的 K11 定位于最有情调的艺术购物中心,除了白云、湖泊、瀑布的科技互动装饰,前后有下沉式广场、主题中庭、小剧场和屋顶花园,K11 还设立咖啡博物馆、草本博物馆(Herb Museum)草本体验区、Zona Fresca 新鲜食·集的体验区域,力求实现以生活方式为导向的购物体验。

图 2-1 所示,在上海 K11 三楼有 300m² 的室内生态互动体验种植区,采用多种高科技种植技术模拟了植物的自然生长环境,让大众在购物中心亦可零距离接近自然,体验种植的乐趣。农庄中还有一些小香猪的养殖,适合带小朋友来参观。都市农庄极大地增加了消费者的购物体验感,达到了刺激消费的目的。

图 2-1 上海 K11 时尚艺术中心的都市农庄

第二节 服装市场结构分析

现代服装企业面临的是一个比以前更加易变和复杂的环境,所以企业只有不断研究环境,不断收集市场信息,评价分析信息,并监控环境的变化,以便企业做出科学的决策。

一、服装市场结构的特点

目前我国的服装行业市场格局呈现多元化趋势,接下来,我们以女装市场结构作为切入点进行研究。从产品类别来说，女装通常指成年女性穿着、消费的服装，并根据不同年龄段客户在着装风格上的显著差异，可大致分为少淑女装、成熟女装与中老年女装三个子领域。其中，少淑女装与成熟女装因巨大的消费需求，构成了成年女性服装的主体市场。

从产品价格的角度，女装大致可分为低档、中档、中高档、高档四档价格区间。少淑女装与成熟女装虽在四类价格区间均有分布，但因各自主要客户群在可支配收入与消费水平上的差异，相应的品牌服装常呈现出不同的主导价格带。少淑女装主要以学生与刚工作不久的年轻女性为目标群体，其有限的经济实力，使得品牌少淑女装通常定位于中档价格带；同时，也不排除少数品牌选择差异化的经营策略，定位于较高的价格区间。品牌成熟女装主要面向具有一定经济基础、工作经历与社会地位的成熟女性，通常以中高档价格为主导价格带。位于高档价格区间的则主要是一些进入国内市场的国际一线时装品牌，如为香奈儿（Chanel）、迪奥（Dior）、普拉达（Prada）、博柏利（Burberry）、古驰（Gucci）、路易威登（Louis Vuitton）等。该类品牌虽然同样以成熟女性为核心目标客户，但具有明显的奢侈品消费功能，主要面向于对品牌历史、文化内涵、地位象征具有较高诉求的精英、富裕阶层。

综合考虑客户年龄与价格定位两方面特征，品牌女装呈现出了三个层次相对分明的细分市场，分别是以定位大众、中档价格为主的"少淑女装市场"，以中高档价位为特征的"成熟女装市场"，以及占据高档价格区间、具有奢侈品消费特征的"奢侈女装市场"。三大细分女装市场之间既相互联系，又呈现出不同的市场结构与竞争格局。对于少淑女装所面向的年轻女性，随着年龄的增长、社会地位与收入水平的提高，她们会逐渐晋升至定位中高档价格的成熟女装市场；另一方面，当财富规模与品牌诉求进一步提高时，以消费中高档女装为主的成熟女性，将会增加对奢侈品牌的购买次数。

（一）少淑女装市场竞争格局

在我国少淑女装市场，国际大众时尚与快时尚品牌占据了主要的市场优势。少淑女装所面向的年轻女性，对产品的性价比、时尚度具有较高的要求，追求紧贴市场潮流、凸显自我个性的服装风格，但对品牌忠诚度不高。由此，凭借前沿的时尚设计与成熟的供应链体系，ONLY、VERO MODA、ZARA（飒拉）、H&M、UNIQLO（优衣库）、E·Land（衣恋）、Teenie Weenie（小熊维尼）及 Etam（艾格）等国际大众时尚与快时尚品牌迅速占据了国内少淑女装市场的巨大份额。以 2015 年全国重点大型零售企业的女装销售情况为例，市场综合占有率前十大品牌中有 4 个为少淑女装品牌，分别是 VERO MODA（第 1 名）、Only（第 2 名）、拉夏贝尔（第 4 名）、Ochirly（欧时力，第 7 名）（表 2-2）。与此同时，我国少淑女装市场也涌现了一批知名的国内自主品牌，与强势的国际大众时尚与快时尚品牌展开激烈的竞争。其中如赫基国际集团旗下的"Ochirly"和"Five Plus"、上海拉夏贝尔服饰股份有限公司的"La Chapelle"、广州市格风服饰有限公司的"歌莉娅"、浙江印象实业股份有限公司的"秋水伊人"与"COCOON"等。

表 2-2　2013～2015 年中国大型零售企业女装销售前十名品牌市场综合占有率

序号	2013 年		2014 年		2015 年	
	品牌名称	占有率/%	品牌名称	占有率/%	品牌名称	占有率/%
1	VERO MODA	3.82	VERO MODA	2.80	ONLY	2.23
2	ONLY	3.78	ONLY	2.71	VERO MODA	2.15
3	哥弟	2.37	哥弟	2.04	哥弟	1.61
4	Ochirly	1.66	Ochirly	1.51	拉夏贝尔	1.32
5	玖姿	1.61	玛丝菲尔	1.46	玛丝菲尔	1.31
6	玛丝菲尔	1.52	拉夏贝尔	1.44	EP 雅莹	1.23
7	EP 雅莹	1.51	EP 雅莹	1.41	Ochirly	1.18
8	拉夏贝尔	1.46	AMASS	1.33	AMASS	1.12
9	衣恋	1.36	玖姿	1.29	玖姿	1.11
10	AMASS	1.34	朗姿	1.12	玫而美	1.03

（二）成熟女装市场竞争格局

在我国成熟女装市场，与少淑女装市场形成鲜明对比的是，国内品牌获得了消费者的广泛认同，占据了市场的主要份额。以 2015 年全国重点大型零售企业的女装销售情况为例，在进入市场综合占有率前十名品牌的 6 个成熟女装品牌中，玛丝菲尔（第 5 名）、雅莹（第 6 名）、玖姿（第 9 名）、玫而美（第 10 名）均是发展于中国大陆的国内自主品牌，哥弟（第 3 名）与阿玛施（第 8 名）则是发展于我国台湾的女装品牌。国内成熟女装品牌之所以能够取得较高的市场占有率，首先在于其所面向的中产阶级成熟女性，在注重产品品质与舒适合体的版型裁剪的同时，具有较高的消费能力与品牌忠诚度，国内品牌本土化的研发设计与中高档的品牌定位可更好地满足这类需求。其次，进入国内市场的国外女装主要是一些少淑品牌及国际一线品牌，未对定位中高档的成熟女装品牌形成直接竞争。在国外具有相同市场定位的二线高端品牌主要服务于欧美市场，对于国内消费者来讲，既缺少本土化的研发设计与文化认同，又难以像国际一线品牌那样能够满足炫耀性、象征性的奢侈品消费需求，进而缺乏大规模进入国内市场的客户基础。此外，我国成熟女装市场起步稍晚，成长于 2000 年之后的消费升级过程，这一时期国内服装行业的研发设计水平与品牌运营能力已初具形态，于是迅速崛起的国内品牌有效地填补了这一市场空白，成为了国内成熟女装市场的主要参与者。

（三）奢侈女装市场竞争格局

我国奢侈女装市场为国际一线时装品牌所垄断，并呈现较为集中的市场格局，代表品牌如香奈儿、迪奥、普拉达、博柏利、古驰、路易威登等。该类品牌普遍具有悠久的品牌历史、深刻的文化内涵以及鲜明的设计风格，通过高档的价格定位与经典的品牌标识，塑造了顶级奢华的品牌形象。由于需要长时期的品牌沉淀，迅速成长的国内服装市场尚未出现可与国际一线品牌相竞争的奢侈品女装品牌。奢侈品女装以一、二线城市高档百货商场的一楼专卖店为主要渠道，重点面向位于国内收入金字塔上层的精英、富裕群体，以及非经常性购买的部分中产阶级。

随着国内富裕人群与中产阶级的逐步形成，以及对奢侈品消费需求的不断增强，国内奢侈女装市场将保持稳步增长，并已成为国际一线品牌的重要战略区域。尽管由于定位于市场金字塔结构的上层，国内奢侈女装整体市场规模低于少淑女装与成熟女装市场，但较高的市场集中度与进入壁垒，仍保证了各品牌较强的盈利能力。

二、服装市场结构

一般来说，结构是构成某一系统的诸要素之间的内在联系方式及其特征。在产业组织理论中，市场结构就是企业之间市场关系的特征和形式，它具体包括买方之间、卖方之间、买卖双方之间以及市场内已有的买卖双方与正在进入或可能进入市场的买卖双方之间在交易、利益分配等方面存在的竞争关系。从根本上说，市场结构就是反映行业间竞争与垄断的关系的概念。在西方微观经济学发展的过程中，不同学者对市场结构从不同的角度进行了划分。张伯伦、罗宾逊夫人根据不同行业的市场垄断与竞争程度，即参照企业数目、产品差异化程度、企业进入或退出市场的难易程度以及企业对市场价格的控制程度等因素，将市场结构分为完全竞争、垄断竞争、寡头垄断、完全垄断四种基本类型。

服装企业仅仅了解自己是远远不够的，服装企业还要了解竞争者，这样才能制订出有效的营销计划。企业必须经常将其产品、价格、渠道和促销与其接近的对手进行比较，这才有利于企业发动更为准确的进攻，并在受到竞争者攻击时能做较好的防卫。

1. 行业竞争结构分析

行业分析主要是从行业整体的供需状况、行业特征、竞争状态以及产品普及率等方面进行分析，以掌握行业发展的趋势。在进行行业竞争状态分析时，可以运用美国著名管理学者迈克尔·波特的行业竞争分析法。该理论认为，企业最关心产业内的竞争程度，因为行业的竞争程度决定了该行业的根本赢利能力，行业竞争的特色也从根本上决定了该行业中企业竞争战略的特色。波特认为有五种力量决定了行业竞争强度的高低，它们分别是：新进入者的威胁；现有企业之间的竞争；替代产品或服务的威胁；购买者的讨价能力；供应商的讨价能力。这些力量的合成最终决定了一个产业的赢利潜力。每一股弱的力量都是机会，每一股强的力量都是使利润降低的威胁。

2. 特定竞争品牌分析

竞争对手分析主要包括两大方面：其一是竞争企业的行为，它告诉企业竞争对手是否能够开展竞争；其二是竞争企业的个性和文化，它说明竞争对手喜欢如何竞争，它是企业努力分析竞争对手的最重要的目标。具体来说，服装企业可从以下几个方面分析自己的竞争对手。

（1）识别竞争者。分析竞争对手的第一步是首先要识别谁是本企业的竞争者。知道了谁是竞争者，收集竞争者近几年的服装产品定位与设计、销售业绩及市场占有率等资料，是评估竞争者各项市场策略的一个重要依据。识别竞争者对初始原创品牌来说尤其重要，有个明确的竞争（参考）方向对企业的目标确定、任务完成有重要推动作用。表2-3是识别竞争者的主要因素。

表2-3　识别竞争者的主要因素

识别竞争者					
品牌名称	品牌DNA	品牌定位	消费者类别	品牌价格	品牌传播
某品牌	×××	×××	×××	×××	×××
竞争品牌A	×××	×××	×××	×××	×××
竞争品牌B	×××	×××	×××	×××	×××

一般进行竞争对手分析我们还常采用SWOT分析法，即态势分析法。它是20世纪80年代由美国旧金山大学的管理学教授提出的，经常被用于企业战略制订、竞争对手分析等场合。SWOT分析法是根据企业自身的条件作为依据进行分析。

SWOT模型主要着眼于企业自身的实力及其与竞争对手的比较，分析所有的内外部因素集中在一起，再用外部的力量进行评估。

利用这种方法可以从中找出对自己有利的、值得发扬的因素，以及对自己不利的、要避开的东西，发现存在的问题，找出解决办法，并明确以后的发展方向。

根据这个分析，可以将问题按轻重缓急分类，明确哪些是急需解决的问题，哪些是可以稍微拖后一点的事情，哪些属于战略目标上的障碍，哪些属于战术上的问题，并将这些研究对象列举出来，依照矩阵形式排列，然后用系统分析的思想，把各种因素相互匹配起来加以分析，从中得出一系列相应的结论，而且结论通常带有一定的决策性，有利于领导者和管理者做比较正确的决策和规划。

（2）销售业绩与销售系统分析。竞争者的销售额增长率、市场占有率及市场覆盖率等资料，能看出竞争者最近几年的业绩是在成长还是衰退，并可将其业绩与本企业进行比较，以便找出差距、分析原因，并制订相应策略。分析竞争者的销售系统主要从销售组织、人员构成、营销渠道的构成、销售网点的分布、各个流通环节的差别以及各代理商的态度等角度进行。

（3）目标市场分析。表2-4是常见的消费者分析。

表2-4　常见的消费者分析

人群分类	消费观念	工作	服装购买行为	个人简历
时尚个性型	喜欢追求时尚新潮，喜欢独立和与众不同，喜欢在家看电视、听音乐，有时去郊游	公务员和高层管理白领以及自由职业较多	以休闲时尚类的童装为主，追求个性 平均价格：1000元/月	年龄：25～35岁为主要人群段 教育：有一定知识基础 个人月收入：中高收入
品质追求型	喜欢追求服务与品质，对未来充满信心，喜欢在家看电视、听音乐，有时去郊游和去咖啡厅	高级白领主管，自由职业者	考虑品质较好的童装，崇尚高质量品牌 平均价格：2000元/月	年龄：30岁以上 教育：大专或本科学历以上 个人月收入：高收入

（续表）

人群分类	消费观念	工作	服装购买行为	个人简历
服务享受型	追求卓越服务，注重个性服务体验，高要求、高收入	高层管理、公务员、都市白领居多	以经典高端品牌为主，有时也考虑小众品牌，注重服务、品质、面料、款式 平均价格：1200元/月	年龄：30～45岁 教育：本科学历以上 个人月收入：偏高
传统经济型	生活殷实，消费观念传统，追求安逸和品质享受	以公务员群体为主的小康家庭	以大众服装品牌为主，注重面料、款式 平均价格：700元/月	年龄：年龄40岁以上 教育：受教育程度较高 个人月收入：收入偏高
品牌追随型	喜欢固定的品牌，专一程度比较高，喜欢在家看电视、听音乐，有时出去旅游	白领、自由职业	喜欢同一风格质量的童装，专一于某些品牌 平均价格：1700元/月	年龄：30岁以上 教育：有一定文化程度 个人月收入：中高收入
随遇而安型	消费观念超前，偏向便捷和享受，购物时考虑因素不多	以劳务人员为主的工薪阶级，同时也有部分高级管理人员	以大众品牌为主，有时会选择小众品牌 平均价格：600元/月	年龄：年龄较为分散 教育：各阶段不等 个人月收入：收入低

竞争者的服装产品主要销售给哪些消费者群体？竞争者的目标市场与本企业是否相同？如果不同，不同之处在哪里？如果相同，相同之处在哪里？（图2-1）

（4）市场定位分析。竞争者的定位是什么？与本企业的定位有何不同？图2-2是童装品牌的定位分析，利用了矩阵图的形式在价格、风格进行市场定位，增进对市场品牌及竞争品牌的了解。

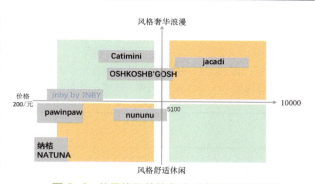

图2-2 从风格及价格角度对童装品牌进行的市场定位分析

（5）产品分析。竞争者的产品分析主要包括产品线构成、设计、面料、工艺、质量、成本、包装、价格、生产效率等。竞争者主要生产、销售哪些种类服装产品？其产品线与本企业有何不同？与其品牌定位相应的服装产品在设计风格上有何特点？本企业与竞争者的服装产品在设计、原料、工艺等方面各有哪些优点与缺点？竞争者的品牌形象与本企业相比如何？竞争者的产品包装有何特色？消费者对竞争者及本企业的品牌、包装如何评价？

（6）营销策略分析。营销策略分析主要包括竞争者的销售策略、推销方式以及广告宣传等。研究竞争者营销策略的最主要目的是要找出应对之道，同时也能了解哪些是导致竞争者成功的因素，可作为本企业模仿的对象；哪些是竞争者失败的地方，本企业可以引为借鉴。

竞争者的营销组合策略只能反映竞争者的短期策略。仅掌握竞争者的短期动态及目前的竞争手段是不够的，因为这些资料无法预估竞争者的可能发展，因此还要从更广泛的角度去研究竞争者的整体策略。

（7）未来目标分析。分析竞争者的未来目标是一项重要工作。如果能够掌握竞争者的目标，则可预测竞争者的行动，企业更能在此基础上制订更精确的应对策略。

（8）反应模式分析。每个竞争企业都有自己的经营理念、企业文化及一些行为方式，领导层的素质和决策风格也各有迥异。掌握了竞争者的行动模式、长处、弱点及竞争者希望达成的目标，企业就可以在一定程度上预估竞争者的反应。

我们以纳桔（NATUNA）、宝英宝（PawinPaw）、卡迪米尼（Catimini）三个童装品牌为例，从品牌简介、市场细分、设计风格三方面对同类别童装品牌进行竞品分析（表2-5～表2-7）。

表2-5 纳桔品牌定位分析

品牌简介	"纳桔不似一般童装品牌从童趣童真可爱着手，而是融入了'留住传统手工艺''公平贸易''留白教育''自然从容'等许多契合当下中产高知妈妈们的价值观和世界观。"纳桔没有品牌包袱，不会拘泥于国内环境的审美，也不介意挖掘最基础的需求	
市场细分	人群	小朋友
	年龄	5岁左右
	址域	一线城市、二线城市
	价格	200～1000元
设计风格	虽定位为设计师品牌，但纳桔的产品结构及款式颇为平实。从材质上看，纳桔产品共分有机棉、丝棉、羊毛、羊绒四个大品类。从产品结构上看，纳桔坚持基础线和设计线两条腿走路	

表2-6 宝英宝（PawinPaw）品牌市场定位分析

品牌简介	PawinPaw源自韩国，是韩国衣恋集团推出的服装类自创品牌。以独特的熊家族故事作为背景，以可爱的熊宝宝作为Character，其卡通小熊顽皮多样的造型，以及轻松自然的设计风格深受年轻一代的推崇	
市场细分	人群	活泼可爱的儿童
	年龄	2～11岁
	址域	一线城市、二线城市
	价格	100～2000元
设计风格	以轻松自由、风格多样的小熊为造型，商品色彩以粉色、蓝色、紫色、绿色为主，分为古典、传统、校园、运动四个系列设计理念	

表2-7 卡迪米尼（Catimini）市场定位分析

品牌简介	1972年创立于法国中部的世界著名童装品牌Catimini，是童装和高级时装元素的巧妙结合，几十年来在世界各地的成功发展，为世界高档儿童时装写下了新的定义	
市场细分	人群	追求品位的儿童
	年龄	0～12岁
	址域	一线城市、二线城市
	价格	500～3000元
设计风格	极富想象力的搭配方式、舒适自由的穿着感受和不受地域限制的国际化设计思路，代表了法国顶级童装艺术和制作的最高境界	

第三节 服装市场特点分析

在个人的消费结构中,服装一直是人们普遍关注的焦点。服装消费不仅体现了人们的消费水平,也体现了消费者的价值观。作为时尚产品,服装市场表现出活跃与多变的特点,并因此创造了巨大的市场空间与赢利机会。对于服装企业来讲,如何运用市场调研原理和调研方法,为决策者提供更多需要的信息是企业面临的重要问题。

在日常生活中,人们习惯将市场看做是买卖双方进行交易的场所。营销学家菲利普·科特勒认为:市场是由一切具有特定欲望和需求,并且愿意和能够以交换来满足这些需要的潜在顾客组成。

服装市场与其他消费品市场既有相似之处,也有一定区别。了解服市场的特点,有助于更有针对性地进行服装市场调研。服装市场的特点具体体现在以下几个方面。

一、流行性

尽管绝大部分产品都有流行性,但服装是最具流行特点的产品。服装一般译为Fashion(时尚),特别是时装或高级成衣,从整体风格到细部设计,从外观设计到面料色彩,随着时间的推移在不断变化,形成了一波接一波的流行浪潮。香奈尔女士曾说过:时尚易逝,风格永存。对服装来说,变是永恒的主题。因此对服装经营者来说,应掌握服装流行的特点、规律、变化趋势以及影响流行的各种因素。表2-8是20世纪西方多彩变换的服装流行。

表2-8 20世纪西方多彩变换的服装流行

时间	关键词	具体体现
20世纪10年代	解放	保罗·波烈废除紧身衣、改革礼服支点、运动装的广泛流行
20世纪20年代	现代	简洁、功能性服装、服装杂志、立裁、装饰艺术"立体派"
20世纪30年代	材质	复古、长礼服、女裤、好莱坞、人造丝弹力丝、呢绒、拉链
20世纪40年代	战争	第二次世界大战、太平洋战争、女性工作、1942年伦敦服饰设计师协会
20世纪50年代	巴黎神话	战后恢复、服装店复兴、奢侈晚礼、电影、套装
20世纪60年代	变革之风	超短裙、连筒裤袜、内衣运动、宇宙服、青年文化、性感服
20世纪70年代	风靡牛仔	短裤、牛仔、帐篷布、学生运动、民权运动、妇女运动
20世纪80年代	设计和品牌的时代	女超人(Superwoman)、自身价值、音乐电视、迪斯科装扮、日本设计师
20世纪90年代	极简主义	简约、运动风潮、环保主义、多元化
21世纪	时尚全球化	政治事件、地球村、摩登复古风、嘻哈和说唱音乐、跨界

二、季节性

多数服装都有明显的季节特点,冬装、夏装、春秋装本身反映了服装的季节性需求。服装市场的季节性与服装企业的产品设计、生产安排和营销策略的制订有着密切的关系，同时也影响着人们的购买和穿着习惯。

三、地域性

自然气候是影响人们着装的主要因素之一。在不同的气候条件和环境下，人们对服装的要求也不尽相同，因而形成了具有不同特点的服装市场。我国地域广阔，从南到北气候差异很大，当居住在东北地区的人们还身着冬装时，广东、海南等地的人们可能已穿上了夏装。服装市场的地域性不仅与地理环境、气候有关，还受到当地的历史文化、社会经济发展状况等的影响，如我国南方和北方人们的饮食、生活方式、消费观念等有很大差异。

四、层次与多样性

市场由消费者组成，消费者个人之间的性别、年龄、受教育程度、收入、生活态度等方面都存在着差异，因此对服装的需求和偏好也是多种多样的，这就决定了服装市场具有层次性和多样性的特点。层次性指服装市场分高、中、低档，价格从千元乃至万元的高级时装、名牌服装到百元以下的低档服装，其间分为若干不同的档次，以满足不同消费者群体的需求。多样性反映在两个方面。

一是消费者需求的多样性和个性化，不同年龄、收入、社会阶层的消费者有着不同的需求，即使同一年龄或社会阶层的消费者中也存在差异化和个性化需求，而且随着社会发展，这种需求特点越来越明显。

二是反映在服装产品的种类上，可以按照多种方式分类，如按年龄分为童装、青年、中老年装等；按用途可分为正装、休闲装、运动装等。消费者对每一类服装有不同的要求，不同的消费者对同一类服装产品也有不同的要求。

思考与练习

1. 服装企业如何分析市场竞争结构？
2. 当前服装市场特点和发展趋势如何？
3. 服装市场调研的流程是怎样的？
4. 请根据服装企业实际需要，设计一份市场调研方案。
5. 服装企业市场细分的依据有哪些？
6. 服装企业如何做好市场定位？

第三章
服装企业产品开发流程

目前市场上存在三种服装产品开发方式，分别是以企划、设计师、时尚买手为主导的形式。以企划为主导的产品开发方式主要是商品系列产品企划，它主要由企划部门运营，但具体工作范围涉及公司营销、设计、财务、生产等部门，是以理性数据分析和感性流行资讯捕捉为依托。商品企划中的产品规划至关重要，它能够规划设计、生产、出售、上新的日期，也能够及时针对消费者反馈做出迅速反应，目前有大部分公司仍然使用这种产品开发模式。

以设计师为主导的产品开发模式目前在小规模企业较为流行，尤其是近些年服装市场热火的快时尚品牌、设计师品牌、独立设计师品牌、原创设计师品牌等。这类产品开发方式较为注重设计师的想法，因此，它对设计师的要求较高，要求设计师必须能够充分地把握市场及产品风格。在以设计师为主导的产品开发方式中值得注意的一个问题就是如何让设计创意与市场结合。

以买手为主导的产品开发从某种意义上来说它并不是真的开发、生产，可分为两种形态。第一种，它依托于买手这一职业，买手的职业素养决定产品采买、销售的成功与否。买手采买回来的商品可以进入百货公司、买手店、一站式购物中心等。第二种，有较多国内品牌的设计师担任买手，并不只是单纯意义上的采买，而是在采买基础上针对自身定位进行修改、出售。

第一节　以企划为主导的产品开发流程

一、以企划为主导的产品开发流程内容

近些年来，随着"互联网+"技术以及国内外多品牌战略的冲击，国内服装行业面临转型升级的关键时期。本土服装企业逐渐意识到消费模式的调整，营销模式在4P/4C/4R（4P/4C/4R是营销学三大经典营销策略组合理论，4P以产品作为出发点，4C则是以企业为中心，其核心为顾客战略，4R专注于营造顾客与企业间的新型关系）间转换，足以体现对消费模式的重视，所以服装品牌的关注点也从传统的"以卖方为主"转变到"以买方为主"。以商品企划为主导的产品开发以消费者研究和大数据分析做基础，能够对市场数据进行收集、分析、反馈，从而使商品运作保持活性优势。它包含4个重要阶段，注重消费者研究的商品企划阶段、成为品牌灵魂的产品设计阶段、不断修改反复推敲的样衣制作阶段以及面向市场持续追踪的产品销售阶段。图3-1是以商品企划为主导的产品开发流程。

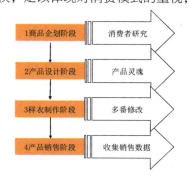

图3-1　以商品企划为主导的产品开发流程

（一）商品企划阶段

商品企划阶段是基础，它是宏观框架搭建的重要阶段，对服装产品的后续市场行为具有指导性意义。此部分由商品企划部门主要负责，服装企业各部门协同决定，主要包括市场研究、品牌定位、设计企划、生产企划、营销企划五大部分。

1. 市场研究

服装市场作为品牌发展的宏观背景，国家政策、经济事件、行业业态等都会在一定程度上产生作用。因此，进行商品企划的首要环节便是进行消费市场研究，重点关注零售市场业态、消费心理转变、竞争品牌的产品及营销策略、新增品牌的市场入驻策略、供应商的供货及价格趋向等方面。表3-1为2015年2月至2016年4月我国重点零售业态销售额增速统计，由表可以看出，相较于传统的百货店、超级市场、专业店来说，网上零售业态增速最高，并保持着持续增速的倾向，因此在服装品牌的市场研究阶段需要了解国家层面的零售业态发展倾向，有利于做出对品牌影响方向最为有利的决策。

表3-1　2015年2月至2016年4月我国重点零售业态销售额增速统计

时间	重点零售企业分业态销售额增速 /%			
	网上零售	百货店	超级市场	专业店
2016年04月	25.70	2.40	7.30	2.50
2016年03月	22.50	0.60	5.90	2.70
2016年02月	26.70	-1.10	6.70	1.80
2016年01月	34.50	5.50	9.60	3.50
2015年12月	39.30	3.40	8.60	1.50
2015年11月	40.30	3.60	7.70	0.90
2015年10月	39.90	2.70	7.20	0.10
2015年09月	39.00	3.70	6.90	-0.20
2015年08月	38.90	3.40	6.50	-0.10
2015年07月	39.30	2.20	5.50	-1.10
2015年06月	38.20	2.90	6.30	0.30
2015年05月	38.80	2.90	6.30	0.80
2015年04月	40.40	3.00	6.50	2.20
2015年03月	39.70	2.40	6.20	1.70
2015年02月	38.90	5.10	6.90	-1.40

2. 品牌定位

品牌定位是品牌发展的根本，如何进行定位是每个新创立品牌或传统企业转型的一大难题，品牌定位就是使品牌区别于现有服装市场众多品牌的核心动作。在倡导打造品牌核心理念、注重品牌形象的时代，做好品牌定位对品牌发展来说有事半功倍之效。表3-2是品牌定位的基本流程，分为识别竞争者、销售业绩分析、目标市场分析、市场定位分析、营销策略分析、未来目标分析。

表3-2 品牌定位的基本流程

品牌定位流程		
1. 识别竞争者	选定品牌	竞争品牌
2. 销售业绩分析	Free People	Chocoolate PAUL&JOE
3. 目标市场分析		
4. 市场定位分析		
5. 营销策略分析		
6. 未来目标分析		

品牌定位中首要部分就是瞄准竞争品牌，以竞争分析为依据，满足消费者已有及潜在需求，从市场定位、目标定位、人群定位、风格定位和形象定位五个维度满足自身品牌。品牌定位需充分体现其品牌独特性及差异性，给予消费者稳定的品牌印象，便于消费者识别，如我们了然于心的海澜之家"男人的衣柜"、特步"不走寻常路"等。

下面我们以自由人（Free People）品牌为例进行品牌定位及竞品分析。图3-2是该品牌的消费人群分类，表3-3是四类消费者特征分析，图3-3～图3-5是该品牌的定位分析。

表3-3 四类消费者特征分析

人群分类	消费观念	工作	服装购买行为	个人简历
经济实惠型	・喜欢货比三家 ・注重经济实惠 ・按需购买、理性消费	普通职员，个体营业者居多，或者是已退休老人和经济能力较弱的大学生	偏好：大众类休闲品牌 要求：价格、面料 风格：简单、舒适 均价：150元	年龄：18～22岁或＞60岁 教育：不一 月收入：中低收入
追求品质型	・追求生活品质、注重个人品质 ・喜欢看书、听音乐，偶尔去咖啡馆、旅游	高层管理者、白领或一些个体私营者	偏好：品牌服装、高档服装 要求：服装质量过硬、舒适休闲 均价：280元	年龄：30～60岁 教育：本科及以上 月收入：高收入
潮流追随型	・追求时尚潮流，高性价比 ・喜欢在家看电视、听音乐，会外出看电影、k歌	公务员和一些高层白领及在读大学生居多	偏好：休闲牛仔风居多 要求：自然简约，款式流行 均价：185元	年龄：16～22岁 教育：大学毕业或在读 月收入：不一
个性表现型	・追求独特个性、展现自我 ・喜欢看电视、听音乐，有时会去郊游、看演唱会	自由职业者、白领和学生居多	偏好：以独特风格服装为主、以休闲服饰为辅 要求：风格独特 均价：200元	年龄：22～30岁 教育：不一 月收入：中等水平

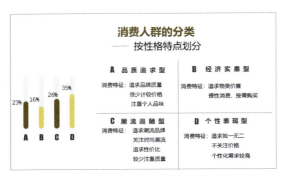

图 3-2 Free People 品牌的消费人群分类

图 3-3 Free People 品牌情感诉求

图 3-4 Free People 品牌核心价值

图 3-5 Free People 品牌写真

竞争品牌 Chocoolate、Paul&Joe 的定位及写真如表 3-4、表 3-5 和图 3-6、图 3-7 所示。

表 3-4　竞争品牌 Chocoolate 品牌定位信息

品牌简介	Chocoolate 为 LT APPARELS LTD 旗下品牌之一，于 2006 年秋冬 FALL/WINTER 首推。Chocoolate 裁剪舒适，别具型格，具有时尚感	
市场细分	人群	个性简单的男女
	年龄	18～32 岁个性简单的男女
	地域	一线城市
	价格	300～3000 元
设计风格	Chocoolate 服饰设计与具远见人士对日常生活的追求及价值同出一辙，流露出原创性；透过设计表现追求更美好生活的态度。Chocoolate 为适合每天穿着的服饰，裁剪舒适，别具型格，展现出简洁的轻便时尚感	

表 3-5　竞争品牌 Paul & Joe 品牌定位信息

品牌简介	品牌创办人索菲阿尔布 Sophie Albou 于巴黎成衣批发中心提耶（Sentier）长大，16 岁时加入时装大师阿瑟丁·阿拉亚 Azzedine Alaia 的公司工作，1988 年回到父母的 T 恤衫品牌 LeGarage 当设计师。 1995 年她成立个人品牌 Paul & Joe，以自己的两名儿子命名，最初只推出男装系列，一年后才加推女装系列。

（续表）

市场细分	人群	个性鲜明的独立男女
	年龄	18～30岁的男女
	地域	一线城市
	价格	500～7000元
设计风格	Paul&Joe 具有浓郁的法国风情，专为迎合自我而设计，体现快乐、轻盈、大胆、品位、优雅和坚定。复古主义风格的外观设计让人仿佛回到了童年时代	

图 3-6 竞争品牌 Chocoolate 品牌写真

图 3-7 竞争品牌 Paul & Joe 品牌写真

由此，我们总结出，Free People 的市场定位如图 3-8 所示。

图 3-8 Free People 的市场定位

3. 设计企划

设计企划需要建立在流行资讯及市场销售数据搜集整理的基础上，它对产品设计阶段的主题、色彩、款式、面料、工艺等有指导意义。设计企划由企划部门和设计师共同完成，他们共同提出产品风格所要表达的生活理念、搭配方式、创作用意、市场价值等，对产品用色、工艺等方面有初步规划。

4. 生产企划

针对前期数据调研结果，测算出店铺产品的SKU（库存量单位）数，通过往年销售数据及市场预测，制订生产计划、确定生产预估量。生产企划是后期生产管理的重要参考。

5. 营销企划

当完成品牌定位后，制订创新、可行的营销企划就是后期工作的重点。营销企划的制订是建立在了解市场、消费者风格的基础上，针对于流行的宣传载体制订可行的宣传方案。例如现如今国内的各大品牌拥有自己的自媒体平台如微博、微信等。营销企划并不是一成不变的，它可能针对突发性事件制订事件营销战略；针对某特定节假日制订相应营销战略；针对近期流行影视剧、世界杯球赛、某选秀节目制订同频率营销策略，最大限度地吸引品牌及IP形象粉丝，抢占市场份额。

传统服装企业的营销企划要经过总经理、各部门主要负责人共同审核，他们拥有丰富的经验积累，对消费市场、产品取向更加敏感。电商企划的营销企划变动率较高。

（二）产品设计阶段

经历前期的设计企划后，对于产品设计有着较为明晰的方向，接下来就进入产品设计阶段。面对产品同质化的当今时代，广大消费者呼吁个性化消费，因此传统服装行业转型升级的重点在于设计升级，他们将设计誉为品牌经久不衰的灵魂。表3-6为2018年度纽约时装周上中国四大品牌李宁（LINING）、太平鸟（PEACEBIRD）、陈鹏（CHENPENG）、CLOT推出的系列设计作品，通过主题设计吸引消费者目光。

表3-6 品牌设计企划主题

品牌设计企划主题		
品牌名称	品牌类型	2018秋冬产品发布设计主题
李宁	运动时尚品牌	悟道
太平鸟	时装品牌	新学生主义
陈鹏	独立设计师品牌	忠实顾客Andrea R和她的法斗
CLOT	潮流品牌	过去，现在，未来

设计师在参与商品企划中设计企划的时候,头脑中就已经形成初步的设计构思,设计任务下达后,设计师根据商品企划中的主题情景,通过草图形式表现出来,经过反复修改之后筛选出符合要求的设计稿。图 3-9 为时尚休闲女装的系列设计草图。

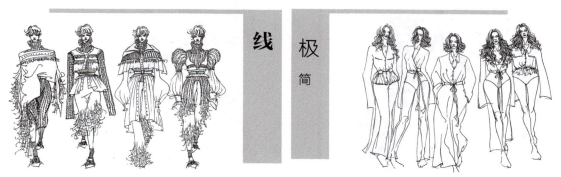

图 3-9　时尚休闲女装的系列设计草图

设计师的设计不能偏离品牌定位,也不能与消费者需求相悖。在设计过程中,设计师需要与采购部门、技术部门、生产部门、样衣部门、企划部门等确定设计细节,为设计稿的顺利展开做好准备。表 3-7 是设计师需要沟通的部门及相应的内容。

表 3-7　设计师需要沟通的部门与内容

部门	信息内容
采购部	最新的面料信息
销售部	畅销的面料和款式风格
制造部	工业制造工艺限制等要求
技术研发部	新材料工艺和板型信息
陈列部	橱窗陈列和产品手册要求
视觉营销部	公关和平面宣传
工程部	灯光和门店设计
财务部	产品成本核算信息

产品设计是服装生产的起点,它决定后续产品最终呈现的形态,对品牌来说至关重要。当设计稿完成之后,需要经过各部门领导的审核,以便于后期内容修改。设计师审稿也不全是一次就行,需要历经多轮修改,最后才能进入下一个环节。

2018 年李宁品牌推出的"悟道"系列在国内掀起较大反响,一时间实体店面销量暴涨。麦肯锡日前发布一则报告,它认为亚洲作为时尚行业的新兴市场,有较大增量空间,能够成为全球时尚行业增长的主要推力。李宁品牌正是抓住这个机会,通过"悟道"系列唤起国人的民族情怀。此次李宁品牌让国人大为赞叹的是其国际化的设计功力,以民族情怀为依托的"中国元素 + 国际化廓形"成为此次发布会的吸睛亮点。图 3-10 是李宁品牌 2018 年"悟道"系列主题海报,图 3-11 是李宁品牌 2018 系列作品。

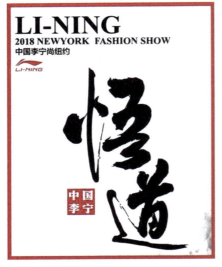

图 3-10　李宁品牌 2018 年纽约时装周发布会主题"悟道"

图 3-11　李宁品牌 2018 系列作品

（三）样衣制作阶段

样衣制版是设计稿进入下一环节的必经步骤，由设计部门交给样衣部门并需同时提交生产通知单，在此过程中，设计师还需要全程跟单以确保设计稿件与样衣制版的一致性。一般起来来说，生产通知单以工艺单为准，包含款式正面图、背面图、工艺细节标注、设计说明、商品编号、号型规格、面料里料小样、设计师审核签字、交稿日期等内容。打板师的版型设计需经过设计部门确认，版样制成后交由样衣制作部门进行试制，此环节中也需要多番确认、修改。

当样衣制成后，需要经过来自质检部门一系列的检测审核。检测内容包括工艺质量、有毒物质、缩水率等方面。如果企业从事与婴幼儿相关服装产品，质量检验更为严格；如果企业从事与出口贸易相关的产品销售，还需要接受第三方质量检测，出具权威质量认证。

质量检测审核通过之后就将进入批量生产阶段，确认供应商、零售店的需求数量，按照确认后的样衣版型、工艺标准进行大货生产。

（四）产品销售阶段

服装产品经由样衣制作、质量检测、大货生产等阶段，进入产品销售阶段。此环节中，库存管理是最重要一环，缩短库存周期，可以降低成本、提升业绩。服装商品投入市场，企业通常采用自营店直销模式以及经销商代理模式，电商渠道已经成为产品销售阶段的重要法宝，开拓电商渠道对传统企业转型有促进作用。

伴随产品销售会产生大量数据，数据的整理、收集是一项重要工作。在大数据时代，依托数据进行消费者分析、预测已是企业发展的必备流程。如快时尚品牌 ZARA 的信息系统是非常完善，它可以在最短时间内通过 POS 系统（销售时点信息系统）了解到消费者销售数据并及时反馈给企业总部，因此 ZARA 才可以保证最快 12 天就可以完成设计、生产、上货流程。

二、企划为主导的产品开发流程的特点

图 3-12 为以企划为主导的产品开发流程。

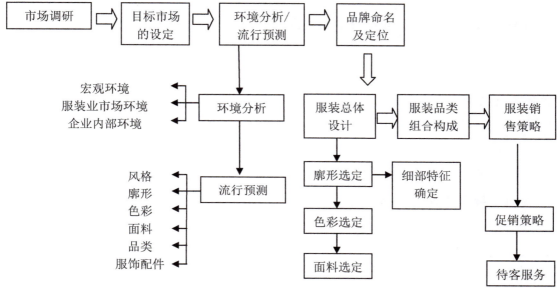

图 3-12　以企划为主导的产品开发流程

以企划为主导的商品开发适合用于有一定规模或正处于转型期的企业，拥有多条产品线，需要做好前期规划与步骤分解。

（一）设置企划部门

以企划为主导的产品开发流程需要设立相应部门，有专人负责。针对企划的核心板块人员，必须精通管理、把握流行、了解生产管理、熟悉营销的基本方法。企划部门负责人必须具有超前的眼光、准确的市场判断能力和系统的管理能力。

（二）重视市场信息收集

大数据时代来临，人们获取信息渠道逐渐多元化。市场研究始终是品牌发展的基础，对于经营者来说，信息越丰富越能够帮助计划的制订、决策的执行。服装专业应届毕业生走入工作岗位，一般是从设计助理做起，主要任务就是进行市场信息调研和趋势信息收集。因此，以企划为主导的产品开发流程的企业必须进行充分的市场研究，设置专业的市场研究人员或与权威的咨询机构合作，使得企划的指导性更强。

（三）强调计划性

以商品企划为主的产品开发体现在两个方面，时间计划以及阶段目标的设定。一般情况下，从调研、设计研发要经历半年至一年的时间，任务会存在重叠性，所以必须做好时间规划。其次，在商品波段上新方面，需要制订整体商品上新计划，确保货存数量。新产品开发不是商品企划或设计部门独立完成的，它需要策划、设计、生产销售、目标消费者等方面的协同合作。

（四）以信息化、大数据背景为支撑

企划阶段是商品营销流程的核心部分，依赖于销售数据的实时反馈，这就要求服装企业建立自身强大的信息管理系统。ZARA能够成为快时尚巨头的一大原因就是它自身的信息管理及传递系统，也就是近些年倡导的"大数据"资源。以企划为主导的产品开发是以企划部门为核心，集结多方部门的支持，建立有效的信息流通及传递机制，为设计部门、采购部门、生产部门、营销部门而服务。所以高效的管理模式是以企划为主导的产品开发流程良好运行的重要保障，信息化的商业设备为商品企划提供数据支撑，大数据时代的到来也促进了商品企划迈入新纪元。

（五）拥有优秀的产品开发团队

以企划为主导的产品开发流程不只是设计师在发挥作用，它还需要有逻辑思维较强、有高水平规划能力的负责人。除此之外，优秀的设计师资源是企业必备的智力资源，它是整个产品开发团队的重要一环。

第二节 以设计师为主导的产品开发流程

一、关于设计师主导的服装品牌

设计师主导的服装品牌，主要包括两类：一类是由设计师个人投资兼顾产品设计、经营、销售的服装品牌，主要由市场中的设计师品牌构成；另一类是由企业投资聘请社会上知名的设计师，以设计师的知名度推广产品、以设计师主导产品设计的服装品牌，主要由市场中的高级时装类品牌构成。区别于其他服装品牌，设计师主导的服装品牌特点在于以设计师强烈的个人风格或设计理念为主导，强调个性化、原创性、小众化。

中国以设计师为主导的服装品牌自1993年中国服装设计师协会成立而开始发展，在二十多年的发展历程中，形成了"百花齐放、百家争鸣"的品牌效应。江南布衣（JNBY）、例外（EXCEPTION）、天意等极具个人魅力的设计师品牌诞生于20世纪90年代，还有一类是高级定制设计师品牌如郭培的"玫瑰坊"、陆坤的镜子工作室。21世纪随着互联网技术的发展，人们对时尚知识的获取更加多元化，中国的设计师品牌迎来发展的高峰期，如兰玉的同名品牌、王扬的地素、卡宾的"Cabbeen"、邹游的"This is YOU'Z Clothing"等。

中国独立设计师品牌在发展的十几年中，主要集中在一、二线城市北京、上海、广州、杭州等地。北京作为中国的首都，文化气氛浓厚，艺术高校居多，汇聚了很多世界级的设计师品牌；上海是时尚大都市，拥有者大量追求时尚与个性的消费群体；而杭州的服装产业资源与市场环境较好，成衣化生产能力高。独立设计师们通常选择北京、上海、广州、杭州等大城市作为他们事业的出发点，主要是因为这些城市销售渠道丰富多样、地理位置优越、经济水平较高，人们的审美水平和物质生活水平较高，对设计师品牌的接受程度也相对于其他城市高。由于上述的种种原因，不少独立服装设计师品牌选择将店铺开设在这些经济较发达的区域。表3-8为中国部分独立设计师品牌，表3-9为近年来企业与知名设计师合作品牌代表。

表 3-8 中国部分独立设计师品牌

序号	品牌名称	设计师	成立时间	地址	男/女装
1	POLLYANNA KEONG	姜悦音	2016年	北京	女装
2	.VON YONG	YONG	2015年	北京	女装
3	Comme Moi	吕燕	2013年	北京	女装
4	SIMON GAO	高扬	2012年	北京	女装
5	Sean SUEN	孙少峰	2012年	北京	男装
6	Beautyberry	王玉涛	2005年	北京	女装
7	XBOOOM	梁小样	2016年	上海	女装
8	FRANCES_LIU	刘蓉芳	2015年	上海	女装
9	J MAVIN	蒋梦婕	2014年	上海	女装
10	HAiZhenWang	王海震	2013年	上海	女装
11	HELEN HEE	李鸿雁	2011年	上海	女装
12	HLL Fashion	韩璐璐	2008年	上海	女装
13	BOUNDLESS	张达	2005年	上海	女装
14	NIRO WANG	NIRO WANG	2016年	广州	女装
15	JANE QIAN	Jane Qian	2015年	广州	女装
16	弥汐	陈飞宇	2014年	广州	女装
17	LIKE ME	杨超	2013年	广州	女装
18	BANXIAOXUE	班晓雪	2012年	广州	女装
19	XOMME Jun	邱梓豪	2011年	广州	女装
20	RIC	欧敏捷	2010年	广州	女装
21	ME BY MEROZ	MEROZ	2016年	厦门	女装
22	兮度	子茉	2015年	厦门	女装
23	HUIUH	卉子	2014年	厦门	女装
24	YIFANG WAN	万一方	2013年	厦门	女装
25	DEEPMOSS	刘小路	2013年	厦门	女装
26	MS MIN	刘旻	2013年	厦门	女装
27	SANKUANZ	上官喆	2006年	厦门	男装

表 3-9　近年来企业与知名设计师合作品牌代表

品牌	知名设计师	系列发布
绝设	余爱平、魏启莹、朱光妍	发布星光、多肉花园系列
利郎	卢西奥·卡斯特罗（Lucio Castro）	发布 LILANGxVan Gogh Alive 系列（利郎 × 不朽的梵高）
PUMA（彪马）	蕾哈娜（Rihanna）	PUMA Suede Creepers × Rihanna（彪马麂皮系列 × 蕾哈娜）
Topshop	克里斯托弗·凯恩（Christopher Kane）	2010 系列
尚坤源	王子	Styled Melbourne（墨尔本风格）系列

随着国内消费者的品牌认可度逐渐提高，个性化、品质化消费时代来临，本土设计师经历了完善的国内外服装专业大学本科及研究生教育，职业素养得到提升，在此过程中以设计师为主导的服装品牌逐渐进入大众视野并发展迅速。但是，设计师品牌也存在其弊端，该品牌一般由设计师本人运营，可能存在创新设计与社会需求脱轨、小众化取向难以合众，往往导致经营不善，消费者只欣赏、不买单的现象，很难形成较大规模。直到后来买手店的蓬勃发展拯救了设计师品牌，它作为一个品类、入驻买手店，减少了自身运营的风险。

如国内著名的设计师马莎（Masha Ma），她作为一位在巴黎官网陆续发布作品的我国设计师，分别在上海和巴黎拥有自己的工作室，旗下有同名品牌 MASHAMA 和 MA BY MA STUDIO，是典型的设计师品牌。2014 年 9 月，Masha Ma 亮相时尚真人秀节目《女神的新衣》，在国内获得广泛关注。MASHAMA 产品代表对时装文化的最高理解及表达，主攻海外市场；MA BY MA STUDIO 则定位于学院风，迎合年轻、轻熟女性群体，目前已在全过多家城市开设独立门店。

设计师品牌的成功与否取决于两个方面。首先就是设计师本身，它是设计师品牌发展的灵魂所在。较高的专业素养、丰富的设计经验、准确的市场把握度都是促使设计师品牌取得成功的重要因素。第二方面就是产品本身。过去几年，人们对设计师品牌的印象停留在"过于夸张""不太实际""脱离现实""只能看不能穿"等词汇，只有极少部分消费者愿意尝试。随着网红经济浪潮的到来，众多社会名人、明星、网红纷纷跨界成立设计师品牌，在此背后设计师品牌也逐渐暴露产品同质化问题。因此，设计师品牌想要发展起来，必须让产品既要有特色、有创新、个性化、有文化，最重要的是保持品质感得到固定群体的认可和追随，获得持久的生命力。

二、设计师主导的服装品牌产品开发流程

设计师主导的服装产品开发定位主要面向小众人群，更多是设计师个人意愿的体现。因此，每季产品的最大变化是来自于客人的购买倾向。

设计师主导的产品开发流程主要包括设计创意确定、设计任务、设计方向确定、面料和款式设计开发、样衣制作、评审、大货生产、投放市场。

（一）设计创意

在产品同质化日渐严重的今天，原创性对设计师品牌来说就是灵魂所在，因为这是其区别于其他品牌的明显标志，原创产品的设计创意是服装品牌自己专属品牌形象的核心。设计创意对于设计师来说是专业知识尽情表达的载体，一般可通过团队之间头脑风暴找寻灵感。图3-13是"致敬艺术家"系列作品头脑风暴及设计效果图。

当进行产品设计时，品牌设计总监会基于品牌定位和市场反馈信息，组织团队成员进行头脑风暴、寻找方向，不断进行否定之否定，形成最终的设计想法，也就是当季的设计创意。值得说明的是，产品的设计创意不是一蹴而就的，更不

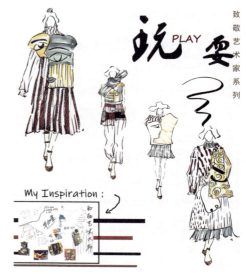

图3-13 "致敬艺术家"系列作品头脑风暴及设计效果图

是一直改变的，有些品牌形成自身特定的设计特色，当新季产品的开发的适合可以沿用设计创意，在此基础上融合时尚趋势进行微小变动即可。图3-14、图3-15是某品牌新一季度产品开发的设计创意灵感版，图3-14以丛林探险为灵感，将现代动感运动元素融入其中，图3-15则以"反严肃"为设计主题，力求打破传统束缚的形态。

图3-14 某品牌新一季度设计主题："丛林探险"

图3-15 某品牌新一季度设计主题："反严肃"

（二）设计任务和设计方向确定

设计创意确定之后，设计团队会召开会议。首先，由设计总监将创意方向讲解给团队成员，然后经由头脑风暴进行延伸创意，再将前期确定的设计创意进行深入诠释、反复推敲，给出色彩、面料、款式、廓形、细部结构等具体设计方向，最后，根据时间安排，将设计任务细化分派给每个小组成员。最终得到的设计企划方案将是后续设计操作的基础和依据。

1. 设计企划案

设计企划案没有定律可言，一般包含理性和感性部分。感性部分主要是服装企业工作人员对市场信息的实地调研的一手信息，具有一定的个人倾向性。感性部分还包含企业对下季产品研发的各类设计信息设定，包含设计主题、设计理念、设计类型、产品风格、色彩选择、花型图案等。表3-10为某服装品牌的感性信息收集。

理性信息一般是指企业外部与内部反馈回来的相对客观的信息与企业的具体目标，包括企业目标定位、消费者定位、上市计划、产品大类计划、上一季产品需要改进之处。理性部分的上市计划主要是品牌对每季服装的上市波段以及具体安排，产品大类是指对产品类别、组合搭配、产品数量等内容进行整体规划、设计。上一季度改进之处是指针对由设计师、消费者、零售终端三个方面反馈而来的修改信息进行。表3-11为某服装品牌的理性信息收集。

表3-10 某服装品牌的感性信息收集

年龄	服装尺寸	喜欢的服装风格	属性	大类	中类	购买价格/（元/件）	月购买数量/件	月购买价格/元	喜好面料
18～23岁（含18岁）	L	休闲风格	上装	T恤	长袖T恤	269	2	538	棉
				衬衫	长袖衬衫	339	2	678	雪纺
				卫衣	套头卫衣	399	1	399	棉
				薄外套	夹克	569	1	569	混纺
				厚外套	短大衣	2359	1	2359	双面呢
			下装	裤子	七分裤	469	1	469	雪纺
		休闲风格 潮流风格 简约风格 都市风格	上装	T恤	短袖T恤	269	3	807	棉
				衬衫	长袖衬衫	339	1	339	棉
				薄外套	风衣	989	1	989	混纺
				小衫	背心	169	1	169	棉
			下装	裤子	九分裤	219	2	438	牛仔
		休闲风格 都市风格	上装	T恤	长袖T恤	169	2	338	麻
				衬衫	短袖衬衫	199	1	199	棉
				卫衣	连帽卫衣	269	2	538	棉
				薄外套	牛仔外套	569	1	569	牛仔
			下装	裤子	九分裤	219	1	219	牛仔
		休闲风格 运动风格	上装	T恤	短袖T恤	169	2	338	棉
				衬衫	长袖衬衫	199	2	398	棉
				卫衣	套头卫衣	269	2	538	棉
			下装	裤子	长裤	219	1	219	棉
		休闲风格 运动风格	上装	T恤	长袖T恤	269	1	269	棉
				衬衫	长袖衬衫	479	1	479	棉
				卫衣	套头卫衣	399	1	399	混纺
				薄外套	风衣	1469	1	1469	混纺
				厚外套	中长大衣	2899	1	2899	羊毛
			下装	裤子	长裤	729	2	1458	牛仔

表 3-11　某服装品牌的理性信息收集

品类	SKU	占比	店铺 SKU	大类	主要面料	市场调研价格带 /（元/件）	调研主推价位 /（元/件）
短袖 T 恤	237	15%	23	T 恤	棉	169～569	169～399
长袖 T 恤	200	12%	20		棉	169～569	169～399
长袖衬衫	158	10%	15	衬衫	棉	199～639	199～479
短袖衬衫	47	3%	5		棉	169～639	199～479
背心	138	8%	14	小衫	棉	169～369	169～299
吊带	17	1%	2		棉	169～299	169
连帽卫衣	94	6%	9	卫衣	混纺	269～729	269～569
套头卫衣	75	5%	7		棉	199～729	269～569
牛仔外套	66	4%	6	薄外套	牛仔	567～1469	567～989
夹克	43	3%	4		混纺	569～2899	569～989
风衣	58	4%	6		混纺	569～1989	569～1469
长大衣	19	1%	2	厚外套	毛呢	1689～3479	2359～2899
短大衣	17	1%	2		毛呢	1469～3479	1689～3479
中长大衣	14	1%	1		毛呢	1689～2899	1689
长裤	47	3%	5	裤子	牛仔	219～729	219～469
九分裤	130	8%	13		麻	219～1379	219～469
七分裤	102	6%	10		棉	199～989	219～469
半身裙	53	3%	5	裙子	牛仔	249～989	249～419
连衣裙	116	7%	11		雪纺	219～1379	249～689

2. 设计资源

当企划方案设计确定的时候，需要大量的信息资料也就是设计资源，它可以促使设计师获取更多的灵感、创意，对服装品牌的理念风格延伸具有建设性的指导作用。设计资源能够让设计师能够以最快的速度了解最新的色彩、面料、款式、廓形等各方面资讯。我们可以将设计资源归纳为四种类型。

（1）消费信息：反映消费者意愿及倾向的信息。

（2）流行信息：反映市场流行的信息。

（3）生产信息：直接针对服装产品开发而言的信息。

（4）合作信息：指各种与自身品牌运作有关的外部合作方面的信息。

对于设计工作来说，设计资源的获取非常重要，它是展开设计的重要依据。设计资源必须要求服装品牌配备专业的团队人员，同时辅之以大数据设备来完成此项工作。表 3-12 为设计资源来源。

表 3-12　设计资源来源

类别	所属部门团队	来源方向
消费信息	市场部门	线下及线上销售数据
流行信息	设计部门、企划部门	时尚网站、秀场发布
生产信息	生产部门	实体店铺信息
合作信息	市场部门、运营部门	销售数据

（三）面料和款式设计开发

设计师品牌对款式及面料的原创性较高，不仅要求款式具有创意感、个性化，还要求面料具有新颖感、独特性。因此当设计方案确定之后，需要去面料商挑选适当的面料资源，根据需要对面料进行设计、再造，然后批量订购。

当面料开发完成之后，设计部门会根据企划方案进行款式设计，绘制大量的草图，通过集体会议、评审选择有价值、符合品牌定位的款式进行深入设计。

1. 设计管理

服装品牌从灵感、概念到实物的完成是一个复杂的过程，它不仅要体现时尚与美观，还要将品牌的文化精髓、情感诉求、功能诉求这样的无形概念体现出来。这个过程并不是单一部门完成的，它需要多个部门相互合作完成，我们把这种过程称之为设计管理。

设计师主导的服装品牌，对于品牌文化的理念表达要求较高，因此设计管理要比普通品牌较高一些。设计管理的职能是组织、企划领导、协调和控制。其中协调职能与设计之间有着直接联系且对设计成果有着直接影响，是维系各类设计参与人员的纽带，也是确保服装设计工作取得成功的必要措施及衡量服装设计管理优劣的一杆标尺。

2. 设计沟通方式

设计师为主导的服装品牌较为注重公司内部设计群体间的沟通和交流，但在沟通方式上各不相同。设计总监与设计师必须保持长期紧密沟通，避免不必要的分歧和矛盾。在此过程中，国外服装品牌的设计团队通常采用头脑风暴和草图研习法来实现，这种频率基本保持一周一次，设计组长和设计师更是保持频繁的不定期交流。

国内服装品牌常用的方式是由设计总监下达设计任务，在设计初期会统一召开会议讨论设计方向，但在接下来的工作中，则大多是设计组长与设计师之间的小会议，频率也大多为不定期。与国内的沟通方式相比，国外的理念传达更为明确和直接，避免了设计方向的偏差和主题风格的迷失。

面料和款式的设计开发阶段至关重要，往往时间紧、任务重。因此，合理的组织结构和工作方式将有效地保障设计任务按时完成。

（四）评审

在整体服装产品开发过程中，为避免浪费，通常会进行两次或以上的评审。评审主要是对设计师设计的作品进行筛选，通过的产品将进入后面的生产和市场投放阶段，因此，评审至关重要，一旦有误，将影响当季企业的利润。为了保证评审结果的有效性，需要组建优秀、合理的评审团队。通常评审团队会包括生产、营销、设计、采购等各部门的管理者。对于设计师主导的服装品牌，首席设计师对作品往往有总决策权。

（五）样衣制作

评审通过的款式可以开始制作样衣，俗称"打样"。服装品牌在产品打样阶段，主要是指产品设计款式的打板与制作样衣阶段，包括初样、单色全款和全色全款三个部分。每一部分都是根据前一步骤来进行的，这个过程也是筛选的过程，将那些不符合要求的产品款式剔除。初样是对单品进行打板制样，如果符合要求，才会对该单品进行单色全款打板制样，然后接下来进行全色全款的打板制样。如果品牌针对国内外两个服装市场，在打板和制作样衣时，还需针对国内市场、国外市场分别制作标准体型样衣，因为不同地区的体型特征有较大差异，标准体也不尽相同。打板制样时，通常以中间体 M 号为准进行。有时，为了展示服装产品的形象，还要针对模特的体型打一个模特样。

（六）生产并投放市场

样衣制作并通过评审后，产品开发工作基本完成。接下来直接订购面铺料，尤其是需要再加工的面料，需要更久的订购周期。同时，产品开发部门进行款式和板型、工艺的最后调整，并要形成书面文档留存。在此阶段，很多品牌会召开订货会，根据订单情况确定各款式的生产量，并结合各波段的投放计划，制订生产计划。如果是外加工，需要对整个生产过程进行跟踪指导，以保证产品品质。最后投放市场。

三、产品开发流程管理

对设计师主导的服装品牌而言，产品至关重要，故产品开发流程管理成为品牌管理的重要工作之一。设计师主导的服装品牌产品开发流程管理的目标是周期短、产品开发准、原创作品丰富。实现目标的关键在于以下三方面。

（一）产品开发流程

产品开发流程本身是否合理、高效，关键在于开发流程各环节之间的衔接是否通畅。流程各环节的衔接关系，主要指信息流、物流在各环节之间的通畅与否。例如，产品开发过程中，首席设计师首先确定了创意的主题、方向，这一信息是否能在各环节得到很好的表达、理解，将影响到产品开发的准确性。物流在产品开发过程中，主要体现在配合产品开发、生产的所有辅助材料，包括产品设计时所需的信息资源是否能及时、充分地获取，样衣制作时面料样品是否到位，生产时面辅料是否到位等。

因此，设计师主导的服装品牌在进行产品开发流程管理时，务必通过组织结构或工作方式的调整，保证信息流和物流的通畅，这将是流程管理工作的重心所在。

（二）产品开发组织结构

产品开发部门的组织结构并非规模越大越好、结构越细越好，各品牌应根据自身情况进行具体设计，但要遵循一个原则，产品开发部门组织结构的规模、复杂程度应与目标市场的规模、复杂程度一致。比如，品牌发展规模越大，市场区域范围越广，消费人群的需求差异就越大，那么相应的产品开发部门组织结构就应该增加其复杂度，增加专业的需求分析人员或部门，同时部门设置应该细化，设置针对不同需求人群的开发团队或部门。这一点对于设计师主导的服装品牌非常重要，因为其小众定位，顾客就是品牌生命力所在。

（三）各环节的工作方式

产品开发过程中，各环节的工作方式和工作制度决定每个分解的工作任务是否能够高效完成。设计师主导的服装品牌，产品开发过程中需要的不仅是严谨的工作制度，更多的是自由的、便于创意的工作空间和工作方式。

创新是设计师主导的服装品牌立足的必要条件之一，那么创新就不应该只在产品开发时被强调，而应该作为一种品牌文化渗透到品牌的各个环节，包括工作室环境、工作方式、工作制度，甚至人际交往方式、沟通方式等。因此，一间可以随时了解前卫、潮流的流行信息的工作室，一个供所有人畅所欲言的沟通平台，一条鼓励创新的奖励制度等，将是设计师主导的服装品牌必须为员工提供的。

第三节　以时尚买手为主导的产品开发流程

近些年来，服装行业历经快速发展，完成新一轮行业重组。传统服装企业面临着诸多困境（图3-16）。在内忧外患的服装产业环境中，越来越多的服装品牌开始转向"买手制"经营模式。

时尚买手需要对流行时尚具有良好的发掘和感悟能力，通常买手会提前半年甚至更长时间准备企业下一季的产品，所以买手必须了解流行趋势，准备新一季的卖点，同时还需要对过往销售数据进行分析，发现畅销品和滞销品存在的规律，提出保留或修改意见，集合流行趋势及市场需求做出精准的需求分析、规划终端销售的款式数量、设定商品的价格体系、上市波段、终端展现、产品搭配等。在产品上市过程

图3-16　传统服装行业面临的困局

中，时尚买手还需要依据销售表现，预测销售周期，与陈列人员、销售人员商量商品导入期、主力销售期、促销折扣期、库存清货期的促销方案，以实现商品周转、降低库存率。时尚买手的工作贯穿于服装设计、生产及销售的各个环节，其职能发挥影响到整个企业的盈利和发展。

一、时尚买手的分类

目前,国内市场上买手按照其服务的业态形式可分为零售买手和品牌买手两类。零售买手包含店铺买手和代理商买手。店铺买手一般从店长或销售中产生,他们负责品牌进货、协调零售、市场推广、视觉营销等方面工作。由于单店设置买手费用高昂,一般仅适用于奢侈品品牌。随着近几年来买手店盛行起来,较多店长及销售人员也在一定程度上主动扮演者店铺买手的角色,他们在全世界范围内搜集符合自身品牌定位的热销服装。

零售买手的另一种形式代理商买手往往经营一个或多个品牌,采买设计完成品。时尚买手既不组织生产,也不负责产品开发,而是负责向品牌商订货。主要包括组货、商品管理、销售跟踪、市场推广、店铺陈列等。例如美特斯邦威品牌每年在上海邀请代理商参加总部订货会,通过现场实物参照集合 SPA 即自有商标服饰专卖(Specialstores with Private Labe Apparel)订货系统,实现订货。百货公司买手为其引进成熟品牌,进行买断式经营,主要是与各种有品牌的制造商进行沟通。

品牌买手是直接或间接控制生产加工环节和零售系统的品牌商制度下的一类,分为供货型、直营型。供货型品牌主要是依靠代理商发展起来的,品牌买手主要负责商品企划、款式开发和组织生产。直营型品牌如雅戈尔、白领等都是由品牌直接控制零售环节,买手主要负责配合销售部门监控销售数据并做出快速反应。

总的来说,时尚买手就是服装的专业买家,他们以取得利润和满足消费者需求为目的,负责从服装生产商或服装批发商等供应商手中挑选服装货品,然后由服装零售商销售,它是联系服装供应商与服装零售商之间的桥梁。在欧美,服装产业是一个买手驱动的产业,买手不仅沟通了时装生产者与消费者,还可以平衡市场上的供需情况。买手可以整合时尚资源,使商品链更有效益。在发达国家,不论是零售企业还是品牌专卖店,都由买手确定每一季服装的风格、上市时间,甚至决定每个式样服装尺码的数量搭配等细节。

在我国,伴随着服装企业与品牌运营模式的改变,企业的组织结构、产品开发、产品生产、产品供货、店铺销售、物流系统和信息系统等都发生了很大的变化,服装贸易模式出现了新的格局。许多服装品牌企业或者网络原创品牌也开始由设计师主导变为由买手团队主导的经营模式。买手成了服装产业非常活跃的重要组成部分。表 3-13 为时尚买手的主要分类。

表 3-13 时尚买手的主要分类

大类	细分	特色
零售买手	代理商买手	采买完成品
	店铺买手	由设计师、销售人员转型而来
品牌买手	供货型	商品企划、产品开发
	直营型	控制零售环节

除此之外，服装市场诞生了百货业的新救命草——"买手店"，它最早出现20世纪50年代的欧洲，它以买手为核心，以目标客群的时尚观念为基调，从全球搜罗符合目标顾客的产品，并将这些产品进行陈列、售卖。众多知名设计师就是通过买手店走向消费市场，华裔设计师王大仁（Alexander Wang）是被开幕式（Opening Ceremony）创始人卡罗尔·李（Carol Lim）和温贝托·梁（Humberto Leon）发掘，使其有机会出现在大众视野。席卷全球的时尚潮牌OFF-WHITE的创办人维吉尔·阿布洛（Virgil Abloh）早期就和法国知名的买手店科莱特（Colette）合作。国内设计师郭一然通过买手店长作"栋梁"走上上海时装周秀台，创立自身同名品牌YIRANTIAN，目前在全国15家独立买手店售卖。班晓雪（BANXIAOXUE）、吕燕（COMME MOI）等早期与买手店合作，目前他们已经走出买手店，成立自有销售渠道。乌丫（UOOYAA）品牌早期销售也得益于买手店渠道，国内已经开设70家品牌专卖店，乌丫（UOOYAA）仍有15%销售量来自于买手店。

时尚买手作为服装企业最新形态已是时尚行业的关注焦点，众多传统服装行业转型升级的背后，时尚买手都发挥着较大作用。尤其是近年来，网红经济的兴起使得时尚买手成为网红品牌角逐关键点，众多时尚名媛、风格女性（ITgirl）、时尚博主跨界担当时尚买手。

二、买手的市场行为

（一）准确把握目标市场

时尚买手熟悉产品的目标顾客群，这样才有益于商品的销售。无论是在品牌创立之初还是品牌风格相对稳定的发展期，买手需要时刻了解产品价格、面料、色彩、款式及营销策略等相关信息。买手还需要亲临竞争对手的实体店面了解产品的价位、消费者的特征、款式的风格和时尚程度等信息，对市场规模、目标消费群等问题进行细致化的分析，多角度定位品牌。

太平鸟（PEACEBIRD）品牌采用的零售为导向的SPA（自有商标服饰专卖）运营模式，其线下采用"直营加盟为主、代理为辅"的销售模式，销售渠道上采取百货、购物中心、街店、电商相协调的"四轮驱动"策略，公司门店布局实施"以二三线城市为重点、一线城市及四线城市并行推广"战略。表3-14是太平鸟（PEACEBIRD）核心品牌定位。

表3-14 太平鸟核心品牌定位

产品线	品牌类型	适用人群定位
PEACEBIRD 女装	核心品牌	时尚、活动、亚洲25～30岁都市女性
PEACEBIRD 男装		时尚、优雅、亚洲25～30岁都市男性

日播时尚采用"线下销售为主、线上销售为辅"的销售模式，在实体门店销售方面主要采用直营和经销相结合的销售运营模式，并在2016年尝试联销模式。表3-15是日播时尚品牌Broadcast：播品牌定位。

表 3-15　日播时尚品牌播品牌定位

品牌名称	注册商标	品牌定位	产品风格	目标人群
Broadcast：播	broadcast：播	面向女性主流消费者群体的知性精品女装	知性、优雅、都市文艺	25～35岁左右的知性女性

安正时尚实行直营与加盟相结合的销售模式。2013～2015年，公司直营模式的销售收入占全部销售收入的比例在30%左右，2016年1～6月直营收入占比提高至接近40%。另外，公司五季渠道主要是销售公司过季及滞销产品，主要包括奥特莱斯品牌折扣店以及网络电商两种方式。表3-16为安正时尚核心品牌玖姿品牌定位。

表 3-16　安正时尚核心品牌玖姿品牌定位

品牌名称	注册商标	品牌定位	核心年龄	品牌风格
玖姿	JZ Juzui	面向自信优雅的都市女性	35～45岁	自信、优雅、女人味

作为一名合格的买手，需要对品牌所服务的目标人群有清楚的了解，包括目标人群的年龄、收入、职业特征、兴趣爱好、购买习惯等信息。买手对产品的选择应该从目标人群的需求出发，而不能根据个人的喜好来判断产品。买手可以通过市场调研获得关于目标顾客群体的相关信息。

（二）流行预测

买手的工作内容之一是为下一季进行流行预测，找到合适的产品范围并确定其潜在消费者。专业的买手必须对时尚有着敏锐的眼光和洞察力，熟知流行趋势。大部分的服装从设计到开发，再到生产会花费几个月的时间，因此新一季产品的理念通常要提前一年进行规划。买手需要通过数据分析预测消费者购买倾向，针对购买倾向预测出下一季度流行服装的款式、色彩、面料及工艺等。以色彩为例，除了预测品牌的主打颜色外，还要从下一季流行色中选取相关色彩，并且各波段之间的色彩要有一定的延续性。对于买手来说，进行趋势预测的信息来源途径已经较为多元化，一些流行趋势网站已成为各类企业设计师、品牌经营、品牌销售人员的主要参考依据，国内个大公司、服装专业院校都是这些网站的会员合作单位。除此之外，时尚刊物杂志、服装博览会、时装秀、设计师个人作品发布会等，都是流行趋势预测的基本渠道。流行趋势的预测并不是简单的猜测，而是要根据目标人群进行有选择的分析判断，在目标人群能接受的流行度内选择合适的流行元素。

有关流行趋势预测的信息源主要包括以下三种。

1. 流行趋势预测刊物

了解流行趋势的一个便捷方法是购买专业杂志，一般这些杂志属于月刊，主要关注服装面料和颜色，同时还有一些款式信息，在一些代理商或者主要服装原产地城市都可以买到。杂志主要发布近期的基本流行趋势，能为大多数买手提供一定阶段的基本流行信息。近年来，互联网在流行趋势中也起到越来越重要的作用，它的优势在于可以快速为消费者提供流行信息。1988年，世界时尚资讯网建成，该网站提供了一系列服装的预测信息，它不仅要发布流行趋势，还为时尚买手提供一系列实用信息，如制造商目录、世界各地服装商店地图、大量的设计师作品系列等。目前，世界时尚资讯网已经成为许多公司主要的流行趋势预测来源。

2. 服装博览会

服装博览会通常每6个月举办一次，其范围覆盖所有的服装产业。买手会根据自己的产品和潜在市场的情况参加相关产品的交易会。目前较大规模的有中国国际博览会、CBME孕婴童展览、PHVALUE国际纺织展会、CHIC中国国际服装服饰博览会、中国（杭州）国际纺织面料/辅料博览会、环球资源时尚产品展。

3. 设计师作品系列展示

一般设计师每年召开两次服装发布会，其作品主要分为两大类，即高级服装和成衣。目前，高级服装展已不再是流行风向标的主要信息来源，相反，成衣展越来越有影响力，每年秋冬季和春夏季的服装秀仍然是流行趋势发布的主要形式。

（三）参与设计环节

买手出现之前，企业的产品开发部通常是组织设计师进行产品的开发设计，这一过程表现为一种孤立的单一模式，几乎不与其他部门配合。而这样的产品设计开发也极容易造成产品与市场需求的脱节。买手出现以后，通过对目标市场和流行趋势的准确把握，买手们将这些信息与设计师进行沟通，设计师根据这些信息进行产品的开发设计，就可以避免产品与市场需求的脱节，使产品能够很好地满足消费者的需求。

买手与设计师并不相同，虽然国内很多企业的设计师都承担着买手的职能，但买手的职业定位还是企业经营管理人员，他们在市场中进行产品开发和运营同时，也要进行企业终端市场的管理与维护，而设计师主要负责产品开发和品牌定位，并不参与其他环节。买手对市场的把握更加有利于弥补设计师产品开发的不足，买手将大数据背景下的款式信息、市场信息反馈给设计师，由设计师修改款式和工艺，在此过程中设计师将流行趋势和品牌定位信息传递给买手。

（四）联络供应商

买手几乎每天都要和供应商联络，尤其是要花费较多的时间与供应商的设计或销售部门的代表进行交流，也可能会直接与本国或国外公司的设计师或服装技师联系。买手与供应商应建立诚实、可信与相互尊重的关系，买手要能迅速而且专业地回复供应商的电话和邮件，能够及时看到制造商发布的关于样品及成本预算的信息，尤其是当供应商有自主商标时，买手还要参与产品的研发过程。基于互利互惠的目的，与供应商建立较强的合作关系就显得尤为重要。许多成功的买手曾强调由于对供应商的信赖，使得他们的买卖非常成功。高效的买手会保持与供应商的联络，并随时告知有关产品的新趋势和新动向。

（五）制订服装采购计划

制订服装采购计划所参考的两个主要信息源分别是上一季度零售商的销售数据和后一季度的流行预测信息。对于零售商的潜在顾客群，要充分考虑这两个因素，紧紧抓住可能是顾客所认同的流行趋势。在制订服装采购计划时，服装买手需要对以下方面进行规划，其中一些需要商品部门进行指导：服装的数量；不同种类服装所占比例(高档与低档服装所占的比例或时尚款式与传统款式所占的例)；特殊服装款式；每款所提供的面料及色样；每款服装的成本价；每款服装的销售价；整个采购范围中服装以及个别种类服装所能提供的尺寸大小；每款服装的制造商；每款服装的订单量。

（六）制订商品计划

商品计划是指对商品管理流程中的商品订购（进货/补货/退货）、商品陈列、商品销售等要素所做的全面策划。商品计划的主体是以顾客为导向的，通过提供商品或其他服务满足顾客需求，这是制订商品计划的根本出发点。买手通过对目标顾客群和流行趋势的准确把握，需要制订符合企业需要的商品计划，包括年度、季度、月度的商品计划的制订，使本企业的服装能够引起顾客的兴趣，确保产品畅销，实现获取利润的目的。通常买手甚至要承担起决定上游供应商以及商品调配的具体工作责任。

（七）监督生产和物流(跟单)

一旦买手确定某一种服装款式，就要与制造商商量决定生产的数量和产品的物流问题。在产品正式生产之前，买手需要和制造商就服装的款式、质量、面料、色样、边饰等生产问题和运输、仓储、配送、入库等物流问题达成协议，制造商根据协议进行生产。在生产过程中，买手要担负起监督和跟踪的职责，确保整个生产和物流过程严格按照双方达成的协议进行。另外，买手在确定最初的订单量时，有时会过于谨慎，导致零售商的产品处于脱销状态，潜在的销售利润也会随之下降。此时，买手就会考虑向最初的服装制造商进行再订购，但这个过程存在较大风险，因为二次订购的服装上市过晚就会造成错过最佳销售期。买手如果能够参与并监督制造商的生产和物流过程就可以有效地降低此风险。

（八）终端推广

所谓终端，即产品销售通路的末端，就是产品直接到达消费者手中的环节，是产品到达消费者完成交易的最终端口，是商品与消费者面对面地展示和交易的场所。在确保进货顺利的前提下，买手要与市场营销部联系，告诉他们如何制作宣传册，如何进行市场推广活动等。买手还要告诉店铺内的员工，货品趋势是什么，如何进行店铺设计，我们要传达给顾客什么样的消费理念等。

（九）收集销售数据与处理问题

买手通常至少一周回顾一次销售记录，以了解某一服转系列的销售情况。销售部门也会对上一个销售季进行总结，以便得知产品是否畅销。对销售额进行回顾之后，买手会对顾客的喜好有更多了解，从而便于规划下一季服装的采购。买手要能够从以前的历史销售记录中获取一些有价值的信息，以便确定下一季服装的款式。这些销售信息可以从采购部门或销售部门得到。对于买手来说，能够正确判断出以多大程度和以何种方式对畅销款式进行改良，才能使其在接下来的销售季中延长销售周期是非常重要的。因此，作为买手，需要深入商店中，了解服装销售不好的原因，避免在下一销售季中出现同样的问题。

（十）总结全盘经验，再接再厉

当一个销售季节结束时，买手需要检验并总结经验，以便于下一季度的工作安排。他们要回顾总结哪些款式好卖、哪些款式不好卖，还要分析同行店铺的销售情况，对往年和目前的市场销售数据进行分析，发现畅销品和滞销品存在的规律，并提出修改意见。

有关统计数据表明，国内目前有专业买手的服装企业不足10%，而目前在岗位上的时尚买手大多数是由设计师、设计总监等转型而来。根据美国一所时装设计学院的统计，没有经过系统训练的买手要初步达到买手的基本要求，至少需要五年的时间。由于买手的工作日程是灵活多变的，所以要求服装买手要多才多艺、灵活变通。

思考与练习

1. 服装产品开发的三种模式分别具有什么样的特点或优势？
2. 如何理解以企划为主导的产品开发？在此产品开发过程中应该注意哪些？
3. 列举三种开发模式的典型代表企业，选择其中三类代表进行实地调研与考察。
4. 以买手为主导的产品开发流程中最重要的核心环节是什么？
5. 设计师在产品开发流程中所扮演的作用什么？

第四章
服装商品设计企划要素

服装商品企划并非仅仅是设计师的一次艺术创作，而是决定目标市场以及产品定位和配比的过程。产品是品牌与消费者之间的纽带，产品的质量是品牌的内容，是影响品牌成效的制高点。所以，服装企业必须以科学的态度来对待产品开发流程和设计流程，并且服装商品企划里主要是围绕主题、色彩、款式、面料等要素不断展开的。

第一节　服装商品主题企划

以季节性来推出系列产品是品牌服装惯有的推向市场的形式，这有利于在消费者心中增强品牌形象以及满足消费者个性化的需求。所谓系列产品往往需要一个明确的主题企划来确立，主题企划通常具有风格鲜明、元素显著、搭配统一等特点。产品系列相互联系、满足不同供给侧需求是不同系列产品之间完成市场化的基本要求。

主题往往建立在品牌的风格定位或商业理念的基础之上，它受不同灵感的启发所产生，因此，设计思想与设计灵感一般会作为主题蕴含在产品系列的设计内容中，设计师会结合某种艺术形式去表现与呈现出来。一般的时装商业品牌通常每季推出一个核心主题，然后从中划分出一些相关主题，从而形成几个服装系列。

时装品牌的主题通常以各种设计风格命名，比如在近几年开始大行其道的街头嘻哈风格、中世纪风格，又如有些设计师会从生活中去捕捉自然元素或社会文化现象为灵感为产品系列服务，如田园风光、中国山水元素、异域风情等。为了提升系列产品的形象化，产品系列的主题往往有一个形象性的名字，就拿近几年全民关注的时装秀来说，香奈儿2018年秋冬系列以"回忆的哀伤诱惑"为主题、古驰2018年秋冬系列以"赛博格宣言"为主题等。当然对于一些大众商业品牌，他们同样会在每年根据不同的季度来出一些新的系列产品，并且会给予各主题新的内涵来应对不同的市场的需求变化，比如知名女装品牌百家好（BASIC HOUSE）往往会围绕"职业女性""美式嘻哈""休闲简约"等主题系列风格来展开研发产品。

主题企划处于整个服装商品设计规划的核心地位，时刻需要围绕品牌定位，结合市场提出主题企划方案，既可以反映时下潮流，又可以引领消费者的消费理念，既要新颖又要成熟。

一、主题企划的一般内容

（一）确认主题来源

1. 内心情感的表达

服装主题企划是从搜集研究材料开始，这既有利于我们将思路整合起来，又能获得形成理念的素材。灵感的产生可能与设计师个人经历或独特个性有关,又或者是受到时代精神的影响。国际著名时装设计师亚历山大·麦昆(Alexander McQueen)早在1995年的成名系列"高原强暴"(Highland Rape),它是一个真正的以女性主义为中心的企划。这与麦昆从小的成长经历有关系,在他的童年时就目睹了自己的姐姐遭受家庭暴力,所以服装是以女性的崛起与反抗为出发点来进行设计,反对柔美的传统女性着装,主张强而有力的女性着装。此外,他还发布了26场极具个人情感色彩、前卫又特立独行的服装秀。因此,设计师需要表达特定的情感意念,成为一种有意味的设计形式,获取情感特征中的"求同性",以其相同的内在力结构、同质同构或异质同构来获取创造源泉。

2. 从艺术作品中汲取灵感

设计师可以从欣赏艺术作品来作为自己的一个灵感来源,看电影、参观展览、参观美术馆、参观博物馆、看书、看杂志、参观建筑、参观图片展等途径都可以作为主题企划的渊源。艺术与设计永远是互通有无的关系,会相互彼此供给养分,可分为两种情况。第一种情况是参考艺术风格以激发自己的设计情感,从20世纪60年代的香港老电影中你一度可以看到新兴盛行的美式工装、迪斯科文化和嘻哈休闲;或许来源于建筑的结构主义同样也可以运用到时尚设计中去;又或许去美术馆感受大师的作品也能带给我们美好的感官体验。另一种情况则是二手影像循环,也就是所谓的学习与借鉴,设计中可以借鉴他人作品的某一局部、某一表现手段,也就是"打破一种和谐重新塑造一种新和谐"。他人作品的各个局部是其整体和谐的组合因素,取其局部就必须像果树嫁接一样,使其成为新整体的有机部分,构成新的秩序。图4-1是奢侈时尚品牌罗意威(LOEWE)与艺术品结合的企划。

3. 其他国家及民族的文化

异域民族的文化也经常会被设计师用来吸收与融合,尝试迸发出新的风格与形式。消费者是多重性格的,不想让自己看上去或行为举止和他们的同龄人一模一样,这就需要设计师更多地深思熟虑。接受来自世界各地不同民族的文化诉求,勇于呈现各族文化的专有特色,这也是通过时装设计向外界表达文化的多元性与包容性。图4-2是来源于美国都市文化的企划主题。

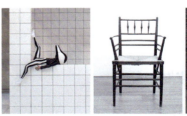

图4-1 罗意威(LOEWE)与艺术品结合的企划

4. 回溯古装与民族性

复古的倾向和传统精华的继承都可成为佳作或时尚。中国民族服装中富有机能性的要素和独特的装饰要素可以被国外服装设计师所吸收，同样，我们的民族服装也可不断地去吸收国际服装中的先进因素。图4-3是来源于中国传统文化的企划主题。

图4-2　来源于美国都市文化的企划主题

图4-3　来源于中国传统文化的企划主题——纸中的世界

5. 懂得理解社会的文化符号

当现代社会已经全面进入媒体时代，信息爆炸的局面每一天都在进行，信息传递的速度越来越快，我们已经不知不觉地走向一个符号化的社会。社会的文化符号常常隐藏在文学作品、哲学观念、美学探求等意识形态之中。如时下受到追捧的运动潮牌OFF-WHITE就以斑马线为主线贯穿系列产品，在消费者心中形成固定形象。一直以来，我们的价值取向、社会思潮潜移默化地决定着我们的物质世界，着装就是一个具备典型要素的证明。从第一次世界大战起，可以说是服装全面开始打开了现代格局，人们衣着的改革受到社会变更的影响，成为一种风尚，如此种种无不体现出创造需紧密联系时代。

6. 来源于大自然

大自然是世界上最伟大的艺术杰作，自然万物中每一花一簇都能成为设计企划中的灵感来源。就像著名时装品牌"无用"和"天意"，它们都在现代生活中倡导返璞归真、回归自然的人生观，其发展和壮大并不能依靠给人们灌输现代的商业逻辑而达成，而要靠建立情感纽带。品牌创始人、设计师马可在作品中无不主张的"自然主义"正是以她所坚持的纯手工制造的作品，她认为手工制品不是死的，而是不断成长的，随着时间推移，经历的积累，手工制品会凝聚出人生的厚度。

（二）确定关键主题

为新季度进行流行预测，通常要确定一系列主题。确定主题的目的是启发和引导设计师为不同规格、档次的市场进行设计。通常情况下，主题都要命名，名字要能调动情绪、制造气氛，还要能反映主题的内容。一个主题可能对一个或更多档次的市场产生吸引力，这就要求设计者要准确解读主题，设计出适合某一特定档次市场的服装。流行预测公司通常会给设计师提供有助于他们拓展主题的咨询和建议。确定主题的过程是复杂而充满变化的，最重要的是从前期收集的大量素材中筛选出属于本企业或本品牌的独特设计风格。每一年、每一季世界流行趋势在变，消费需求在变，收集到的素材或者主题的内容丰富多彩，什么才可以作为本品牌这一季的主题，那要围绕品牌的定位和品牌发展需求来确定。如东北虎品牌作为国内婚礼服设计界的奢侈品品牌，其每年的品牌发布都会选择特定的主题进行表现。近些年，东北虎品牌发布了一系列以中国古代朝代为代表性的主题。

（三）确定系列主题

在确定了核心主题后，要确定数个系列主题，用文字列出一些品牌的主题名称。系列主题数量不固定，通常根据品牌资源和定位来确定。若品牌团队较为强大，定位较宽，系列主题数量可以较多，而且企业设计团队规模较大，因此每季系列主题数量较多，可以达到6~8个，甚至更多。而至于规模较小的服装企业，则一般只会设计4个左右的系列主题。一个成熟的服装品牌基本可以保证顾客每周来到商店都可以看到新的产品（图4-4）。

图4-4 某服装品牌的系列主题

系列主题应该是相互关联而又各不相同的。如雅莹品牌定位为职业女性，消费者定位在中青年女性，得体与时尚性是该品牌需要掌控的精髓，大气沉稳适合出入写字楼，但又不失流行感的服装是每一季的要求。该品牌要在春夏推出一个早春度假系列，服装主题可以定为"晨曦梦痕"，其系列主题分别是"海洋雅漾""鸟语花香""荼蘼缤纷"和"清凉韵律"。这四个系列主题各不相同，但很明显是按照在热带的度假胜地游玩而确定的主题。"海洋雅漾"是以蔚蓝的大海的波动为由，"鸟语花香"取自穿越热浪后的海边丛林，"荼蘼缤纷"来自热带水果与冷饮，"清凉韵律"则是破晓之际。图4-5、图4-6分别为该度假企划的灵感来源与子主题中的"海洋雅漾"主题企划。

二、主题表达与要素汲取

（一）主题的诠释

主题确定后，应对各主题进行诠释，找到体现主题的方式，然后从图片、文字等多角度进行说明，这有利于更具有饱和度地表达企划所传递的设计思想和内涵理念，起到设计真正展开前的一个明朗的预见作用。

第四章
服装商品设计企划要素

图 4-5　雅莹品牌度假企划灵感来源　　　　图 4-6　"海洋雅漾"主题企划

　　2018 年 3 月，Novembre Magazine（诺维本杂志）在其官网做了一期对太平鸟男装与可口可乐联名的一份企划，以青年生活与可口可乐为主题，呈现的是年轻人的生活方式，又快乐又挣扎的青春轨迹，但简约的设计并不是一种稍纵即逝的时尚，而是年轻人长期探索后重新找回的一种乐观的人生态度：所有的喧嚣都被置之脑后，一切显得如此清新，心中的渴望被无限释放，尽情拥抱这个充满惊喜、愉悦的动人世界。图 4-7 中的图片内容是太平鸟男装与可口可乐联名设计的要素图片。

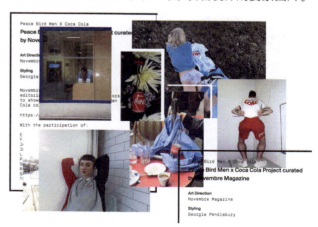

　　主题诠释的过程是一个联想、想象的过程，围绕品牌定位和流行文化，对主题进行内涵的挖掘，再物化为具体的图片和文字。在绘制产品设计主题诠释图后，可将其制成展板，悬挂于相关部门的重要位置，特别是设计部门。这样可以起到警示的作用，保证设计和其他相关工作都依据统一的标准和方向。

（二）要素的提取

图 4-7　太平鸟男装 & 可口可乐系列

　　从主题诠释图中的图片和文字中，可以提取色彩、面料、廓型和细节等设计元素。依旧以前面提到的"晨曦梦痕"来举例，既然是海边度假的主题，提取的色彩可以是蓝色系，蓝白条纹面料也可以作为一个灵感来体现水手服的风格，廓形可以是不那么修身，潇洒而随意的，飘逸的裙摆如波浪般下落，温度在纤维与肌肤间流动。在物质充裕的今天，人们抛弃了铺张主义，而追寻服装的单纯性：自然、舒适，人们需要的或许仅仅是一件可以穿的衣服，而是加上一点低调巧妙的设计就可以充满浪漫而幸福的感觉。

但是又如何从一个点提取出可以为企划服务的要素呢？以图4-8为例，以一幅好看的蓝莓照片为灵感，其中选出理想的颜色，提取色彩元素，运用至面料之中，可适当地增加肌理，提取得到的要素将是后面具体设计的基础，这样大大保证了设计的准确性。再如图4-9，以足球赛服为灵感，提取出形式与标识，再与时装风格相结合，创造出新的化学作用。重要的是视觉形象符号要明显，让不同的人看了后都会有基本一致的理解。同理图4-10，从建筑肌理当中提取了设计元素。

图4-8 主题要素提取（一）

图4-9 主题要素提取（二）

图4-10 主题要素提取（三）

第二节 服装款式企划

款式设计数量和配比规划表、款式设计元素图是服装商品款式企划需要完成的两项内容。款式是一种造型特征，用于描述服装的廓形与细部结构组合，廓形与细部结构特征也是款式在服装上的体现。款式企划就是以前期规划好的主题作为基础，确定当季款式设计使用的主要廓形和可用的领型、袖型等细部结构特征，为后期款式设计提供基础的设计元素。

一、服装品类数量设定与构成比例

（一）产品设计数量企划

在每一个销售季节中，企业都需要对应确定需要设计的款式总数。但是其中所说的产品设计的数量是随着企业规模的不同以及销售季节划分的不同而不同的，所以在产品设计数量企划中我们需要考量各种因素。

对于款式企划的数量考虑的因素应尽可能全面，也需要将商业预算做到更加准确。企业规模越大，品牌渠道就会更加成熟与完善，品牌门店覆盖就越广，产品所面向的客群的数量也越多，所需配比的产品款式就越多，因此需要设计的产品数量就越多。

大多数的品牌在开发产品时都是以季节为单位的。现在大多数品牌一年开发四季即春、夏、秋、冬四次产品，开四次订货会；一些品牌则还是沿用老的开发频率即一年两次，春夏为一批，秋冬为一批，一年订两次货。一些实力较强的品牌已经可以做到一年开发10次产品，几乎每个月订一次货。随着市场变化越来越快，短周期开发、高频率订货、款多量少已经是大势所趋。销售季节划分如果非常细致，每个销售季节的产品设计数量可适当减少。另外，企业通常在一个销售季分几个波段或批次投入产品，此时，还应确定具体波段或批次投入的款式数量或比例。如将冬季分为初冬、深冬两个阶段，可根据以往的销售经验，给出各阶段的款式数量比例，如初冬60%、深冬40%。

格外需注意的是，服装产品开发以及生产过程中，已经企划的产品线可能会根据具体情况的变化而变化，根据买手或者销售部的反馈意见、生产工艺的可行性、最低订量的限制问题、价格的合理性等因素，事实上产品设计常常都有不同程度的改变，甚至有些款式产品设计总会有一定的比例不符合设计或生产条件而被放弃。

（二）款式配比企划

款式配比企划即确定所策划的商品款型的构成比例，包括三个方面。

1. 确定产品构成类型

每次款式企划中，首先需要将所企划的产品进行分类，也就是所说产品的构成比例，常见的有根据主题商品、畅销商品、长销商品所占比例进行规划。

服装品牌进行一个商品企划设计时，传统来看，会将商品规划以主题商品、畅销商品、长销商品三大类所构成。其中，所谓主题商品，比较常见的就是一些商业品牌里每季上新的海报款，一般会成为品牌门店里的主打产品，另外常见的也有表现品牌某季的理念主题的秀场款，主要突出体现时尚流行趋势，常常只作为展示的对象，以及用于宣传和制造话题。畅销商品经常是以往在销售中销售量比较高的一些产品，在历史销售数据中，始终销售占前的款式，并且不断结合时下，融入当前的时尚流行趋势，经常会被品牌拿来热推以及经常作为促销产品。长销商品其实也可以理解为产品中的基本款，长销商品是在长久以来都被消费者所需要，长期具有稳定的销售量，不容易被流行趋势的影响相左右，指百搭款或者一年四季可销售的款式。特别是品牌价值感比较强的品牌，一年四季总会有它的长销款。

至于每份服装商品企划中具体的商品门类的比例，需要根据品牌自身的定位以及目标客群的取向而决定。如果是年轻化的时装类品牌，针对的目标消费群体显然有可能是时下潮流的追随者，主要来自一线城市的年轻人，他们对于文化的认可度也或许比较多元化，追求爆款、追求品牌、追求流行趋势，因此对于该类品牌，主题商品的比例可适当放大。但一般情况下，为满足绝大多数消费者以及更大的市场化，企业在款式规划中可配比较大比例的长销商品以促进销售的稳定性。

2. 确定服装品类构成比例

即确定裤装、针织品、裙装、套装、夹克、连衣裙、大衣等所有品类产品的款式数量占品牌当季款式总量的比例。新品牌可根据目标消费群的穿着习惯和竞争品牌的经验，确定品类构成比例。已有品牌可根据上一季或上一年的同一季节服装品类的销售构成比例，适当调整品类的生产构成比例。大类占比并没有绝对的标准。客观地说，与品牌定位及各大类销售状况更加相关。有的品牌只做泳衣，或者只做牛仔裤，所以也就不存在大类配比。但就一般情况而言，大多数男女装做商品计划时都需要考虑大类配比。

3. 确定各品类下属的商品款型比例

一般来看，每一个品类都会配比几种款式，绝非仅仅一种款式，比如，夏季的短袖这一品类，可能会有休闲款或者修身款两个款型。在此阶段，需要结合品牌自身定位以及该季产品的主题企划，并且根据当下的消费需求，来最终确定各款型的比例。如对于职业女性，稍微优雅正式一点的款型需求较大，可设计60%为修身型款式，40%为休闲款型。另外，在此阶段，需确定各个服装品类下各种款型服装的风格。

二、廓形与细部结构企划

（一）廓形企划

廓形（Silhouette）是指服装的整体外形轮廓，它是构成服装的最重要的因素之一。通俗地来讲，廓形是一件衣服给人的第一印象，决定着单品主要的风格与造型，这是在观察具体细节之前就应该被注意到的方面。廓形在服装款式设计中占据主导地位，传达着一个设计的方向，并且对于服装总体设计的美感、风格、特点有决定性的作用。每一季的时装发布会中，通常都会推出全新的廓形或旧廓形的变形，这往往成为该季流行趋势的焦点和特征。图4-11所示为服装廓形图。

图4-11 服装廓形图

1. 廓形的分类

事实上，服装廓形在历史的每一个时期来看具有很强的时代特性，它甚至可以成为某一历史时期的文化特性，从某种意义上来看，服装廓形的设计变化蕴涵着深厚的社会内容。例如20世纪以前，女性的着装主要是以束胸的鸟笼裙为主，直到第一次世界大战，物资紧缺，经济萧条，以及工业化的到来，社会对于劳动力的需求越来越大，女性也不得不出门工作，所以过往那种束缚女性活动的着装不再受用，款式简洁方便变得越来越流行，其轮廓特点就是背心、短裙、裤装。直到第二次世界大战后，法国设计师迪奥的新风貌（New Look）以女性细腰宽臀的优美外形轰动欧美，又将女性形象拉回到优雅至上的阶段，一扫战争的阴影。纵观中外服装发展史，服装的变迁是以廓形的变化来描述的。由此可见，流行款式演变的最明显的特点就是廓形的演变。图4-12、图4-13分别是20世纪20年代和40年代具有代表性的服装廓形，其中图4-12是受好莱坞电影影响的服装廓形。

图4-12　20世纪20年代服装廓形

图4-13　20世纪40年代服装廓形

（1）宏观分类。宏观来说廓形分为以下五类。

①紧身型。是紧贴身体的廓形，充分显示女性的曲线线条，通常用于内衣及礼服设计。紧身型服装一般要使用弹性面料方可充分体现身材。

②合体型。较紧身稍显宽松，对穿着者而言更加舒适。同样可以较好地显示女性曲线美。大多数时装品牌使用合体型的廓形。

③半宽松型。界于合体型与宽松型之间。从腰侧看依然可以隐约看见收腰线条。

④宽松型。一般运动服、休闲服采用宽松型版型的较多，这主要为了人体运动功能考虑。宽松型服装与人体间的空隙较大。

⑤超宽松型。这也是近期较流行的一种廓形——超大尺寸（Oversize），流行音乐圈中很多嘻哈歌手常选择这类廓形的衣服。

（2）微观分类。微观来说可以分为以下三类。

①字母型。以直观的方式运用几何字母的象形意义来概括服装外形的整体轮廓。常见的字母型廓形有五种：H型、A型、O型、X型、T型，部分字母型廓形如图4-14所示。

图4-14　初生系列童装设计部分字母型廓形

这些廓形所体现的形象特征都极为明显，风格特征各不相同，所导向的服装种类也不同。如H型为简约、宽松、舒适、修长，常用于运动装、休闲装、家居服、男装等的设计；A型就比较俏皮、活泼、流动感强、富于活力，广泛用于大衣、连衣裙等的设计；O型肩部、腰部及下摆没有明显的棱角，线条松弛，外观整体饱满、圆润，给人休闲、舒适、随意的风格特征，在休闲装、运动装、家居服设计中应用较多；X型是最具女性特征的造型，依据女性的体型特征，塑造了稍宽的肩部、收紧的腰部、自然的臀形，具有柔和、优美、富有女人味等特点，在经典风格、淑女风格的服装中运用较多；T型肩部夸张、下摆内收形成上宽下窄的造型效果，具有大方、洒脱、较男性化的风格特征，多用于男装和较夸张的表演服以及具有前卫风格的服装设计中。在这些基础造型上又可变幻出很多廓形，如I型、M型、U型、V型、Y型等。服装设计过程中，可使整套服装呈一种字母型，也可使用多种字母的组合搭配。

②几何型。当把服装廓形完全看成是直线和曲面的组合时，任何服装的廓形都是单个几何体或多个几何体的排列组合。几何型有立体和平面之分，平面有三角形、方形、圆形、梯形，立体几何有长方体、锥型体、球型体。

③物象型。这也是我们通常所说的仿身造型设计，世界万物的外形也常被模仿应用在服装造型中，最典型的就是喇叭裤、蝙蝠袖等，再具体一点就如迪奥的郁金香型、20世纪60年代流行的酒杯型、铁塔型、箭型、纺锥型等。

2. 服装廓形关键部位企划

服装品牌在设计过程中，应根据自身定位，在基础廓形之上进行变化得到适合本品牌的、符合当季流行的服装廓形。服装廓形的变化并非随心所欲，而是以支撑人体的几个关键部位为依据而进行的。

（1）肩部。肩部在服装造型设计中属受限制较多的部位，纵观服装发展史，无论服装廓形如何改变，肩部变化的幅度都难有太大的突破。肩部的变化主要体现在肩部的宽窄和形状。肩部宽而平整趋向于男性特征，而肩部窄而圆滑趋向于女性特征。肩部造型的突破，主要有意大利设计师乔治·阿玛尼夸大的宽肩设计和皮尔·卡丹风靡欧美的翘肩设计等。

（2）腰部。腰部造型在服装设计中占有举足轻重的地位。腰部造型的变化主要体现在腰线高低和腰围松紧上。通常，腰节线与人体的腰节相对应的，是中腰设计；腰节线高于人体腰节的，是高腰设计；腰节线低于人体腰节的，是低腰设计。中腰设计端庄自然，高腰设计显得人体颀长秀美，低腰设计则给人轻松随意的感觉。根据腰围的松紧度，有宽腰和束腰两种设计。宽腰设计简洁休闲，如H型和O型；束腰设计显得窈窕纤细、柔和优美，如X型。

（3）臀部。臀部造型的变化主要体现在臀围松紧度上。臀围松紧度在服装发展过程中已经经历了自然、夸张、收缩等形式的变化，在造型变化中，臀围线变化影响最大。

（4）下摆。下摆是服装造型变化中最敏感的部位，它的长短、宽窄直接影响到外形线的比例，同时在很大程度上也反映出服装流行与否。下摆的形态变化对服装风格变化影响很大。如近几年服装下摆的流行从收紧状态变为张开状态，从较为直线张开状态变为圆形张开。图4-15中两款复古风服装重点强调肩部、底摆、腰部的细部特点。

总之，针对这四个关键部位各自的形态、相互之间长度和围度方向上的比例关系进行变化、组合，可设计出各种各样的服装廓形。需要注意的是，服装的廓形还受到服装材料和着装者体型特征等影响，设计廓形需同时考虑这些问题。

图4-15 复古风服装中的细部设计重点

（二）细部结构企划

细部结构设计是指在整体的廓形设计基础上进一步补充和饱满服装的款式，并且在细节结构上给予调动、和谐、前后呼应的一些造型特征。包括服装的衣领、衣袖、口袋等的设计。这些细部结构通常受到季节和时尚变化的影响。

1. 衣领

服装的衣领是视觉的中心，其设计至关重要。衣领包括领口线和领型两部分。领口线，也称领窝线，在颈部经过胸、肩、背三处形成的封闭曲线，用于塑造领型。领口线主要是根据脸型大小，颈部粗细、长短，肩的倾斜度和宽度等，利用直线、曲线等进行组合设计。

2. 衣袖

（1）袖山设计。可分为装袖、连身袖、插肩袖等。

（2）袖身设计。可分为紧身袖、直筒袖、膨体袖等。

（3）袖口设计。可分为收紧式袖口、开放式袖口。根据位置、形态变化分为外翻式袖口、克夫袖口和装饰袖口等。

（4）袖长设计。分为长袖、七分袖、中袖、短袖以及无袖、蓄袖等。

这四部分的组合设计，即可得到需要的袖型。图4-16是袖山、袖身、袖口、袖长组合后的各类袖型。

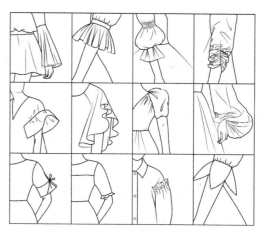

图4-16 服装衣袖组合设计

3. 口袋

口袋是服装的常用部件，种类多、变化大，除了实用功能外，还具有一定的装饰功能。根据口袋的结构特点分类，口袋可分为贴袋、暗袋、插袋三种。

（1）贴袋。又叫"明袋"。是帖服于服装主体之上，袋形完全外露的口袋。根据空间存在方式，分为平面贴袋和立体贴袋。根据开启方式，分为有盖贴袋和无盖贴袋。

（2）暗袋。是在服装上根据设计要求将面料挖开一定宽度的开口，再从里面衬以袋布，然后在开口处缝接固定的口袋。

（3）插袋。是指在衣缝中制作的口袋。按暴露方式分为明插袋、暗插袋。按位置可分为直插袋、斜插袋、横插袋。

除衣领、衣袖、口袋外，如遇到特别的流行元素，如褶皱处理、结构线变化等，也需在此部分规划中体现出来。

廓形与细部结构企划的结果通常以图的形式体现，有时辅以文字说明组合设计的要点，尤其在款式工艺单上会加以说明。

第三节　服装面料企划

服装设计的基础是面料，在服装设计企划中面料的地位是不可忽视的。面料的选择对设计的表达有着至关重要的影响，面料是一个企划从设计到落地制作的桥梁。随着目前服装市场成熟化、个性化趋向的出现，面料在塑造服装风格形象与独特性方面的重要性日趋突出。

面料企划是按照系列或产品大类，结合产品造型要求选取几组有使用意向的典型面料小样，并对产品的面料选择使用范围做文字描述。

一、面料的选择及定位

服装品牌在选择和定位面料时应遵循两项原则。面料选择的原则如下。

（一）应吻合品牌的理念设定及风格形象

品牌设计规划之前，已确定了品牌的理念设定和风格形象，这是设计规划的基础。在选择面料时，应考虑面料应能很好地体现这种理念和风格。如为表现女性化的风格特征，应选用巴厘纱、细平布、蕾丝、乔其纱等具有透明感、流畅感、摇曳感和悬垂性好的织物；为表现男性化的风格特征，应选用华达呢、哔叽等质感坚实的材料和花呢、法兰绒、合成皮革等中厚型或厚型织物。

（二）应适合不同品类服装的要求

服装品牌往往生产销售多品类的产品，如一个职业女装品牌可能生产销售衬衫、裙装、裤装、职业套装、休闲装、礼服以及围巾等多种服饰品。各种品类服装要求不同，选择面料要根据具体服装的要求。设计冬季外套应选用棉或毛纤维的面料，以麦尔登、花呢、绒面呢等厚型面料为主；设计休闲外套，羊毛类面料可选花呢，棉类面料可选华达呢、哔叽，以及涤纶与棉或毛混纺、涤与麻混纺的面料。

二、面料企划的基本流程

服装品牌选择面料通常有三种方式：第一种是最直接的，也是最便捷的，即从面料批发商处直接进货；第二种是与面料供应商一起开发新型材料；第三种是服装品牌自己研发面料，最典型的就如优衣库品牌。这三种面料企划在时间周期上差异很大，需要根据品牌自身的方向定位再做选择。但是无论如何，在做面料企划时，服装企业都需要优先考虑面料本身的特点与风格，另一方面还需从流通的角度出发掌握工作进度。面料规划的基本流程如下。

（一）面料企划理念确认

首先需要确认服装品牌的整体理念，其中，前面提到的服装主题企划和服装款式企划就可以成为面料企划理念确认阶段的一个参考基点，主题风格和款式特点的实现很大程度上就需要面料这个桥梁的落地，除此之外，面料企划还需要品牌本季的设计理念和计划实施的可行性。

（二）面料信息的结构来源

1. 一级结构时装发布会

首先，对于面料信息的搜集，可以从最新的时尚流行趋势中寻找答案。服装品牌可以从中外闻名的国际四大时装周中寻得灵感，即巴黎时装周、伦敦时装周、米兰时装周和伦敦时装周，一定程度上国际时装周上的大牌们推动着每年流行体系的建立（表4-1）。另外，国内的国际纺织面料博览会、交易会、发布会等等为企业选择面料提供了最有力的参考，另外预测机构的信息发布、时尚报刊等是流行信息收集的主要渠道。总而言之，流行信息是服装品牌选择面料信息的最主要的结构信息来源。图4-17是上海面辅料博览会上所发布的流行面料。

表4-1 四大时装周及基本特色

四大时装周	特色
纽约时装周	简约便服风格，追求轻松的生活态度，讲究服装功能性
巴黎时装周	极具高品位的艺术感，精致、奢华
米兰时装周	将高级时装成衣化、平民化
伦敦时装周	前卫、年轻、有态度

2. 二级结构来源于零售品牌

其次，可以收集来自品牌的产品供应信息。供应商所能提供的产品限制了服装品牌的选择范围，因此，企业应了解能为自身提供材料的供应商的供应能力，本企业的产品规划必须以此为基础。

近些年买手店成为大家关注的焦点信息，尤其是一些买手集成店，它成为都市精英的最佳去处，为低迷的服装零售市场带来升级。如韩国 MOS EDITION 是从为首尔东大门的几家商店设计休闲装开始的，慢慢成为一个多店多品牌个性聚集的地方（图 4-18）。

图 4-17　2018 年上海面辅料博览会上发布的流行面料

图 4-18　韩国 MOS　EDITION 实体零售店铺

3. 三级结构来源于消费者反馈

对于一个品牌来说，每一季产品的销售状况一定会有一个清晰的反馈，比如可以总结出哪些款式的面料在消费者中比较有市场，哪些款式的面料的销售额又不那么好，甚至为此公司还可以在公众平台发起调查问卷来做一些信息的收集以了解消费者的喜好。

另外，对具体服装设计而言，采用何种面料，还取决于与衬料、里料等辅料的配伍性、可缝性、机械性能、强度性能、色牢度、耐热性、洗涤性能等，因而应全面收集材料的信息。

（三）面料选用主题企划

基于以上信息收集，确定服装品牌选用面料的原则，包括风格原则、成本原则等，然后形成面料规划主题板。

面料规划主题板中，主要体现某主题或产品大类所需面料的风格类型、面料的纤维、纱线、织物、后整理等构成特征和物理机械性能、服用性能、舒适性能、加工性能等性能特征，以及颜色、手感、视觉等特征，并说明面料使用范围和方法。如运动品牌讲究面料的功能性，成熟女装讲究造型与美感等。

（四）面料应用规划

根据以上原则，收集面料样品，包括原创设计和直接采购两种方式。原创设计较为复杂，但易于得到所需风格的面料；而直接采购较为简单，但有时可能无法找到所需面料。无论通过哪种方式，最后都需确定具体的面料小样，可将其制作成面料分析与应用规划表。

在面料分析与应用规划表中，要对每一个选中的面料进行主、客观性能分析，并策划该面料所需定制的颜色和适用的具体款式。其中必须附面料小样和适用的款式图。

另外需要说明的是，在这一过程中，服装品牌为了在设计生产中及时获得所需的各种材料以及与之相关的信息，必须与各种品类材料的零售商、批发商建立良好的合作关系，有选择地与某些较好的面料商保持密切联系。

三、每季面料种类开发企划

（一）服装面料的开发流程

长期以来，我国的服装面料品种单一，面料开发大多停留在来样加工、来样仿制的阶段，或是单纯注重技术层面的面料开发，无法跟上近年人们消费结构改变的步伐，无法适应现代消费者的需求。如何跟上飞速发展的服装新潮流，开发具有高附加值、高质量、多功能、时尚流行的新产品则显得尤为重要。

服装面料开发是从原料选择、纺纱、织造、印染到化学整理，甚至到纺织品用途的整个工艺过程的设计，包括其中的每一道工艺、产品的设计，是一项庞大的、复杂的系统工程，涵盖了纺织领域的各个环节。这就要求设计人员不仅要掌握从纤维到织物的一系列知识，工艺方面（如纺纱、织造、染整）的内容及它们与产品设计的关系，而且要具有将造型艺术、色彩的运用与织物组织融合起来的能力，有较高的艺术欣赏水平，还要有创新的思维想象能力。

服装面料的开发流程与其他产品具有相似性。常规的面料开发流程是预先研究市场信息、时尚流行趋势并结合新技术、新材料，构思面料效果，确定产品定位，提出面料开发方案。经过论证、可行性研究、方案的筛选，进入到面料的材料与组织结构的运用、工艺设计、确定生产路线与技术指标等一系列面料的具体开发阶段。面料的加工工艺流程、生产路线都确定后，可以进行小批量的试制，在此过程中，需要对试制样品进行质量性能评价、功能检测试验、外观花色的确认，最后通过整体的鉴定与综合评价，为大批量的工业生产提供可靠的依据。经过小试、中试后，预开发的面料投入生产，其后进入市场销售阶段。通过面料的品牌设计、定价、试销市场反馈信息、经济效益分析等，获得面料改进提高或成熟的进一步措施。

（二）服装面料开发的主要内容

1. 市场调研与确定趋势来源

通过市场调研，了解消费者需求，确定设计产品的档次、风格，以及该产品适用对象、场合、时间等。

2. 流行趋势所包含的基本元素

既要根据国际、国内流行趋势及色彩、纹样设计的原则，又要考虑工艺的可实施性，如设备条件是否满足，技术水平是否跟得上等。

3. 原料选用

包括纤维的种类、长度、细度、光泽、形态、物理机械性能等指标的确定。此时应充分了解纤维的结构与特性、优点与不足，从而为产品设计的后续工作做好充分的准备。即将流行的面料是因为某新型纤维的发明，还是用几种现有纤维混合后创造出新的属性；或者改变面料后期加工工艺，如改变表面肌理效果或者增加保暖、防湿功能等。

4. 纱线设计

包括纱线的粗细、捻度、捻向、单纱或股线、纯纺或混纺纱或交并纱、普通纱线或花式线、纺纱方法、纺纱工艺流程、工艺参数等内容的设计。

5. 织物规格设计

如织物紧度、经纬向密度、织物组织、幅宽、匹长、用纱量等的设计与计算。

6. 织造设计

包括织造前的准备工艺流程、织造工艺参数设计和织造设备的选用。比如绣珠、绣花、贴布绣、蕾丝镶边、印花等。

7. 染整设计

织物的染整工艺流程、各道工序使用设备、所用试剂及工艺参数的确定。

8. 成本核算

先根据历史记录及开发方向确定新季预测货品成本占比，再用总采购金额按各比例分配金额。

9. 成品测试

包括织物服用性能测试、织物感观研究、织物手感测定。成品测试对于该产品的质量评定以及对今后新产品的开发都有着指导作用。

以上各项内容，由于使用的原料、设计的产品品种不同而不同，如棉织物设计内容就比毛织物简单。在以上各项内容设计时，需要考虑的因素很多，而且设计内容的诸方面是相互联系、相互依赖的，要求设计人员全面考虑，综合分析。

第四节　服装色彩企划

色彩是服装设计的核心要素之一，服装与色彩的关系是紧密相连的，尤其近年一些品牌会倾向某种色彩化作为某种符号。设计越单纯的服装，色彩所担当的角色越重要。而色彩的使用，必须综合机能性、形态美和质料感,因而构成服装设计的四大主要因素。

服装色彩企划,是按照系列或产品大类,选择包含拟采用色彩的资料图片作为色彩灵感的来源,将图片中的色彩归类、提炼,得到商品设计应用的主副色系和点缀色系。主色系即产品系列的主要色系,其用量最多;副色系即产品系列的次要色系,用量次之;点缀色系即产品系列的衬托色系,用量最少。色彩规划结果常利用行业内通用的标准色卡做清晰表达。

一、产品中的色彩预测

时尚色彩方案的研究、创建与传播并不能概括色彩开发产业的所有工作内容。色彩预测机构需要将研究成熟、认真编辑过的观点提供给自己的客户,这些客户包括纱线和布料的染织工厂、印花和图案设计师、各大品牌、制造商和零售商。

(一)色彩预测师和零售品牌导向

没有任何一位职业设计师、品牌经理或零售厂商会将色彩预测机构提供的色彩方案直接照搬,并在不考虑其他因素的情况下直接应用到自己的产品上。品牌真正需要考虑的问题包括市场定位、目标客户、类别分化、零售搭配、时机以及产品本身的实际用料与最终用途。几十年以来我们见证了零售品牌的崛起,这些品牌掌控着自己产品的开发、制作与物流,链条式零售商包括英国最大的服装零售商NEXT、ZARA、MANGO等。正如英国时尚顾问安娜·斯塔梅尔说的:"在零售产业,色彩开发工作正在逐渐转变为集团内部自行消化的工作。设计师需要向供应商和制造商给出指导意见,告诉他们自己到底需要什么颜色。"一般来说,由于预算的原因,零售商和各大品牌只会订购三四个色彩预测师或趋势预测机构的服务。网上预测服务已经成为一种主要形态,包括POP服装趋势网、WGSN趋势网站等最为典型著名。而在量产市场上某种色彩的表现,购买团队和商品团队在开发色彩方案时就会仔细研究。

(二)零售业分类与产品投放率导向

如今社交媒体大行其道,我们无可避免地迎来信息爆炸的时代,任何人都可以不受限制地从网上快速下载关于一些趋势报告的资料,如果某种色彩或某个色系占据了整个市场,那么消费者基本没有什么选择,也不可能在人潮中彰显自己的与众不同,甚至会引发一场商业灾难。所以,品牌和零售商决策人需要和色彩预测师通力合作,共同以一种恰到好处的方式诠释某个季节主要的色彩方向,在此基础上创造出迎合不同目标人群的不同选择。

除此之外,在考虑哪种色彩在某个季节适合某个零售商多种时尚产品的过程中,我们还需要考虑到各种服装类别的不同之处,以及确定什么时候将新的色彩投入零售市场,什么时候全力以赴地挖掘这种色彩的潜力,什么时候把这种色彩的产品放在打折区,可能会对某个产品系列或某个销售季的成败起着关重要的作用。如果在销售者还没做好准备接受这种色彩的时候就过早入市,这种色彩产品的销量一定差强人意。如果某种品牌某种色彩投入市场的时间太晚,市场可能已经饱和，顶峰的时候早就已过去。如果某个品牌或零售商投入市场的新色彩在其他品牌的店铺中已经销售了很长时间，那么这些产品的销售就会黯淡无光。

很多零售厂商反映售出的服装中，70%都是基本色，包括黑色、灰色、海军蓝、卡其色和白色(这个比例是否准确取决于服装本身的特征，属于哪个类别，目标市场如何；如果是高价位区间或高端时尚系列，使用前卫色彩的可能性就更大)。零售商品总监伊莱恩·M.弗劳尔斯(Elaine M. Flowers)告诉我们："如果计划让一件基本款的T恤衫撑过整个季节，我们可能就需要从八种色彩入手。其中的四种是在整个季节都会销量平稳的基本色，包括黑色、海军蓝、白色或淡褐色、红色。另外每次发布新产品时还要加入四种时尚色彩。同时，我们也可以对例如海军蓝色或红色这种基本色的浓度进行调节。"

还介绍说英国品牌美衫之爱（Monsoon）每个月都会推出三到四个新系列，包括旗下的快时尚品牌弗森（Fusion）。每一次色彩故事所对应的色彩方案会包含7～10个色彩，包括用于内衬与印花组合的亮色或重点色。像英国玛莎（Marks & Spencer）百货公司这样的大型零售商旗下就有很多品牌，他们一年四季可能会使用两百种色彩。另一方面，ZARA、Topshop以及Forever 21这样的快时尚品牌会根据秀场上展现出的潮流趋势、顾客的反馈和销售数据，总结出最时尚的色彩，在此基础上以一周一次甚至是一周两次的频率推出紧跟潮流的新产品。

利用符合时尚潮流同时又有销量保证的色彩为各种各样的零售商品和定期推出的新产品进行配色是一个非常复杂的过程。设计与色彩顾问桑迪·麦克伦南（Sandy McLennan）将这个过程比作是"玩色彩拼图"。在这个过程中，"你需要不断调整自己最初的想法，找出适当的理由，从而让自己的配色方案与时装的类型和组合相契合。"

二、服装色彩企划的基本流程

下面结合服装总体设计的统一要求，介绍服装色彩企划的流程。

（一）市场数据分析

在观察文化的过程中，趋势预测师可能会考虑市场数据，这些数据包括目标消费者的人口统计资料以及生活风格趋势。这方面的数据可能会包括年龄层分布、教育背景、收入情况、人口分布以及文化程度。以上材料都是通过市场调研、消费者群体调研以及街头问卷调查的方式，以定量分析和定性分析的方法，经过研究之后获得的。这些用于明确消费者理念与消费类型的重要工具对于市场预测来说非常重要。想要获得这些信息，色彩预测师可以订购一些机构的杂志或电子刊物，包括零售期货公司（Retail Forward）、NPD时尚世界公司（NPD Fashionworld）、明特尔（Mintel）市场调研公司、沃斯全球时装网、Just-Style公司、视图网（View Network）等。

大型零售商和品牌都会密切监控销售趋势，以此为基础不断地调整新的发展方案。但是，因为色彩原本只不过是时尚产品众多构成元素中的一种，而且消费者本身的品位也是非常主观的，所以通常想要找到某件服装产品到底是热销还是滞销的原因并不简单。

但是也不能过度地依赖硬指标（硬指标指的是那些在一种趋势达到顶峰时进行测量得到的数据），完全不会考虑到灵感、观察心得以及直觉的影响。就像人口普查数据只能告诉我们，我们现在处于什么阶段，我们目前是什么状况，却不能告诉我们两年之后的情况。大型品牌、中型品牌以及大众市场品牌出于将销量最大化的目的，可能会觉得研究过代表钟形曲线最顶端的硬指标之后才会觉得放心。但是对于真正意义上的预测师来说，这些信息的超前性明显不足。

（二）色彩主题企划

服装色彩企划要求设计师需要利用自己的敏感度和特有的方法将人群的需求和从技术来讲合理可行的商业战略实现匹配，因此就需要品牌对灵感和搜集到的数据进行分析和归类，最终转变为清楚的色彩信息，然后将其释放在目标产品之上，并且也需要保证自己得出的色彩信息和品牌认同之间要存在着严密的契合度，这个色彩信息不仅能够吸引消费者，而且能够推动销量。按确定的色彩理念，选择基调色和主题色，由此形成色彩主题板，主题板大多以重组后的故事板呈现。

1. 色彩故事板

因为设计思维本身就是通过视觉的形式在讲述一个故事，所以对设计师和色彩预测师而言，最好的工具就是故事板。大面积空白的白板、泡沫板或画布就可以发挥故事板的作用，而且便于携带。如果色彩预测师非常幸运，在自己的办公地点恰好有一面空白的墙壁，那么就可以将这面墙壁当成一个巨大的故事板面，这样也是一种用来安排、展示与研究自己搜集的灵感与观察心得的方法。这样的做法具有一定的灵活性，我们可以在故事板上确定所有的理念之前，按照灵感与观察心得的关联，随着新想法的产生与消亡将故事板上的信息组合成不同的系列。组合系列的做法是一个持续的过程。我们要注意哪些元素可以组合成浑然天成的整体，而哪些元素堆叠在一起会制造紧张感，甚至哪些元素根本就是不合群的。图4-19是某品牌童装设计色彩故事板。

2. 组合与重组

设计师应该以一种自由的心对信息进行分析处理、重新放置、添加或者削减，使自己的想法能够充分发散，最终创造出不同的色彩选择。例如，我们能否在有机的、可持续的时尚与潮流中找到灵感？人们对于缝制工艺品和手工工艺品重新燃起热情，对现代服饰设计有什么样的影响？钟爱电子音乐风格的时尚女明星对色彩趋势会产生怎样的影响？墨西哥湾的石油泄漏事故会不会让人们重新关注环境问题？你会开始观察色彩情绪、色彩主题，同时设想这些元素可以为色彩方案提供哪些灵感。

有时，数据汇集的过程就像拼图，我们谈到的一些理念和想法会不断重复，明确地指向某个季节的趋势和色彩方向。但有时趋势可能是相互矛盾的。通常将那些乍一看并不契合的元素归结到一起的过程中，我们可能会挖掘到一些更为有趣的理念。例如，将强硬和温柔、都市与牛仔或自然与科技结合在一起。这些相互矛盾的理念通常可以在色彩方案中成功地得到诠释，就像水彩色中用黑色来画龙点睛，合成的亮色从中性色的背景中脱颖而出，又或者大地色和金属色混搭等。

下面以某时装品牌为例，主题企划阶段若设计四个主题，那么通常要制作四个色彩主题板。色彩主题板中大面积以图片体现主题特征，然后从中提炼主题色系、搭配色系或辅助色系、点缀色系，最后说明该色彩主题适用的款式类型。在色彩主题板中，尽量以图片说明为主，辅以文字说明。图4-20是某品牌2019～2020年春夏色彩企划。

图4-19 某品牌童装设计色彩故事板

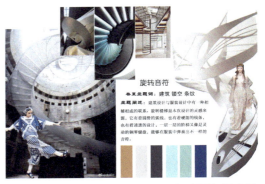

图4-20 某品牌2019～2020年春夏色彩企划

（三）根据上季色彩再次确认

细致的色彩企划应该按照服装的上市时间进行季节波段策划。在一个季节分波段进行色彩策划。可以在保持色彩组合整体风格不变的基础上，在微观上调整个别色彩的分配比例，并调换个别点缀色，以给消费者不断变化的印象，达到刺激消费的目的。

如冬季通常分初冬、深冬两个时段，初冬往往消费者心态仍然停留在色彩斑斓的夏秋季，因此为了满足消费者的心理需求，初冬的主辅色和点缀色都相对深冬鲜艳一些。色彩波段企划并不复杂，但非常必要。

（四）测试色彩企划方案

为了更好地指导后期设计，企业通常会做色彩搭配及应用企划，也就是给出前面确定的主辅色、点缀色如何应用，应用到什么样的款式，如何变化，如何搭配。通常以款式图的形式直观给出色彩搭配及应用方法。需要说明的是，色彩搭配不仅仅是上下衣的搭配，还包括内外衣的搭配、图案中的拼色搭配、面辅料色彩搭配、结构线色彩搭配等。企划时，需较为全面地给出搭配方法和注意事项。

一般情况下设计师都会征求可信客户或同事的意见，在色彩方案最终确定之前和专业人士进行确认。尤其会征求零售买家和产品开发经理的意见，这样才能及时获得他们的支持，确定某些色彩在销售市场上的表现情况。在很多趋势方案中，色彩方案是由一位色彩专家确定，然后整个设计团队进行深化与开发。有时，因为不同文化对于色彩的认知有所不同，一些设计趋势方案的国际性机构也会得到邀请，根据他们所了解的市场情况对即将完成的色彩方案进行讨论。

（五）最终展示与色彩推广

服装品牌首先将色彩理念和内容推广到面料的染色与图案中，以便尽早与供应商取得联系，生产或采购所需的面料。需要注意的是，面料由于组织结构、表面肌理、后整理工艺的不同，因此，使用过程中为保证效果，应做适当的色彩变化。另外，应用到面料时，色彩的搭配应遵循协调原则。然后将色彩理念和内容推广到广告和品牌的视觉识别系统（VI）设计中，以便推广本季的色彩理念。

（六）色彩信息的记录和保存

建立品牌的色彩资料信息管理系统，利用POS系统，可得到各种色彩的市场反馈信息，以便为品牌决策提供参考。

三、每季主题色彩组合策划

当故事板所展示的某个主题或色彩情结有些头续后，就可以对已经搜集好的色彩标签进行搭配了。在这个过程中要使用潘通（Panton）系统或SCOTDIC（棉布色彩大全）甚至其他标准体系的纺织品样本。接着，对每个分类都法加上其他色彩，从而构建出一个色彩方案。在此基础上，我们可以用已经选定的色彩相关的其他色调进行一定的尝试。

有时，我们可能找不到自己想要的那种色彩，这时就需要使用一些纱线、缎带、布料、纸张或色卡样本。但一定要记住，我们选定的色彩还是需要在色彩实验室或染色工厂进行匹配并被参考的。不常见的材料和肌理在匹配过程中可能会影响到精准度。从这个角度来看，这些材料和肌理最好只用来激发我们的灵感，而不是认定这些材料的色彩就是我们要使用的色彩。

某个季节的色彩方案中包含的故事数量和分类数量通常情况下取决于项目的本质，每个族群中涵盖的色彩数量也是如此。三组或四组对刚刚起步的色彩预测师来说已经很不错了。或者，如果这位色彩预测师要为某个特定的项目或产品开发色彩方案，这位专业人士就需要提交七八组色彩，这些色彩分别针对不同的市场、不同的最终使用者以及不同的零售部门。但是无论怎样，这些色彩都应该构建到完整的季节性色彩方案当中去。

如果要分组，那么每组的故事或灵感是怎样的呢？一般一个色彩方案要由中性色、轻柔色、亮色以及深色或经典色组成。如果想以一种更新奇的方式进行表现，色彩预测师的色彩方案也可以由暖色、冷色或无彩色组成。在开发色彩方案的过程中应该进行一些实用性的考虑，包括确定本季的基本色或核心色，同时也要确定具有指引性的重点色及主色。

你可能会将明度相似的对比性亮色放到同一个组合，或者也可能创建一个相同色系的冷色或暖色（如红色、绿色和棕色等）组合，再加上一两个对比效果明显的亮色。此外，还需要根据季节或主题加入冷色或暖色的底色。例如，灰色的色调可能在这个季节是冷色，但在另一个季节就是偏暖的灰褐色。而黑色、红色、海军蓝和卡其色则在不同设计情境中呈现暖色调或冷色调，其明度、纯度也会有所不同。在创建自己的色彩方案时，也可能会对一些色彩进行修改、调整或删减。

四、趋势预测及主题表达

本部分中（一）、（二）是作者拍自2018年上海面辅料博览会的趋势发布案例，包括"创世者"及"轻文明"主题趋势预测。

（一）主题一：创世者

1. 主题阐释

在当今时代，品牌正在试图包揽我们生活的全部，不断重建人类社会的一切关系。本主题表达的是：消费者需要的不再是单一的产品，而是态度；关注焦点从实用性转向情感效应；"时髦养生"理念兴起，人们关注身体并接受缺陷，寻求平衡的生活方式；在舒适感与形态的力量博弈中，用艺术的解构和美学的反思来平衡混乱与美、身体的解放与精神的自由。

2. 创世者主题画面

图4-21为本主题画面。

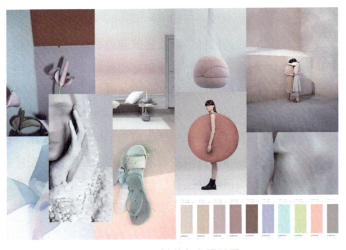

图4-21 创世者主题画面

3. 主题色彩

主题色由两部分构成：高明度低彩度的一系列与肌肤接近的暖色；明度较高且颜色略为鲜艳的淡彩色。接近肌肤的颜色柔和而细腻，体现低调、舒适和无差别的着装态度；充满愉悦感的淡彩色轻盈且赋有春天的气息，多用在透明轻薄的材质上，自然通透；淡彩色和肌肤色搭配起来优雅而微妙，同时也具有轻未来的新颖效果。图4-22为本主题色彩。

图4-22 创世者主题色彩

4. 主题面料

面料在本季承担着取悦感官的重任。重视身体的反馈,关注健康的生活。舒适、高弹、哑光或微光,营造类肌肤般柔软的触感。哑光丝绒、磨毛平纹棉、天然亚麻等材质采用微妙的同色或近色纹理;柔软且垂坠的平纹针织、细密的夏季府绸,轻薄透气且兼具骨感;柔软的真丝缎面散发着温润的光泽;用淡雅的风格诠释剪纸镂空效果以及精致的尚蒂伊蕾丝;精致的微褶皱带来诱人的优雅外观。图4-23为本主题面料。

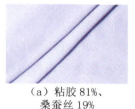  

(a)粘胶81%、桑蚕丝19%　　(b)棉73%、锦纶23%、氨纶4%　　(c)涤纶95%、粘胶5%　　(d)丝光羊毛100%

图4-23 创世者主题面料

(二)主题二:轻文明

1. 主题阐述

消费主义之轻正在颠覆以往的购物权利。轻文明主题呈现迷恋短暂的热潮,不断更新的渴望。轻文明世界中,我们用娱乐化符号处理一切问题,宣扬复古化、怀旧文物,用逆时尚颠覆传统的时尚制造链条。当我们放下对美与丑、对与错的固有偏见,一切将会回到陌生的原点,而复制和批判的互联网及社交媒体则是酝酿变革的土壤。

2. 主题画面

图4-24为主题画面。

图4-24 轻文明主题画面

3. 主题色彩

活力充沛的高彩色依旧和深邃的暗彩色相依相生。持续流行的亮黄色、鲜橙色，具有塑料感的人造绿色和蓝色，以及冷艳的科技紫色、玫瑰色和鲜红色，都是塑造娱乐至上时代最具煽动性的色彩。纯色之间的相互搭配和碰撞带来心理上的兴奋和对市场消费的刺激，反式审美也在强烈的视觉冲击和形式变化中，体现更多猎奇。图 4-25 为本主题色彩。

图 4-25　轻文明主题色彩

4. 主题面料

未来与现在、都市与摩登相结合，共同打造面料表面。轻文明主题注重功能性纤维的运用；轻薄的尼龙材质强势贯穿其中，强调光泽感、纸感、微肌理以及锡箔纸般的金属抓皱效果；沉浸于从视觉到听觉的双重感受。欧根纱经过摩擦传递出悦耳的沙沙声；PVC（聚氯乙烯）、浸润效果的涂层面料创造性地用于日常着装，回归经典与实用；漆皮外观的防护面料，通过双面复合或表面降光处理来迎合都市外观；经典的威尔士格、塔特萨尔花格、细条纹进行现代化演绎。图4-26为本主题面料。

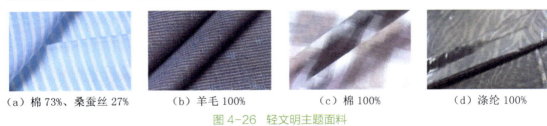

（a）棉73%、桑蚕丝27%　　（b）羊毛100%　　（c）棉100%　　（d）涤纶100%

图 4-26　轻文明主题面料

思考与练习

1. 新一季商品企划主题构思应从哪几个方面展开？
2. 比较服装商品企划中各要素的特色以及重要性。

第五章
市场细分及品牌定位

在服装商品企划中最为核心的一个环节就是市场细分与品牌定位，事实上，这两个环节是相互联系的，中心理念有着异曲同工之妙之处，总的来说都需要品牌立足市场去为服装商品做规划。其中，市场细分就是根据目标市场将一个错综复杂的市场划分为若干个；品牌定位是表达品牌流行、风格、文化价值、经营理念、社会角色的标识象征，并能被消费者认知或认可。品牌定位的目的是将产品转化为品牌，以创造不同之处，使之与竞争对手区别开来，在激烈的市场竞争中为自己寻找适合生存的空间，并在消费者心中占据独特而具有价值的地位。

第一节 市场细分战略

在进行服装品牌企划时，必须将整体市场划分为若干个细分市场，细分的原因在于消费需求存在差异性和相似性，消费者由于所处的经济、社会、文化等背景条件不同，心理素质和价值观念也不同，消费者购买服装的目的也各不相同，然而品牌若要把握这些要素只有去深入了解各个细分市场，这就是市场细分的必要性。虽然个体之间的需求都存在差异，但由于消费群体的需求，还具有一定的相似性，这就构成了市场细分的依据。市场细分实际上就是分析确定消费者需求的差异性和相似性，按照求大同存小异的原则，将一个错综复杂的市场划分为若干个。每一个部分就是所谓的细分市场，减小各个部分的内部差异性，使其表现出较多的同质性。

一、基于消费群体的市场细分

在做服装品牌商品企划时，对于市场的细分首先要基于消费者来分析，分别从社会文化群体和个体特征两个方面来展开。

（一）基于社会文化群体

若要将消费者进行市场细分，就需要考虑不同社会环境背后的社会群体，每个个体的存在都具有其不同的社会性，分析消费者的社会文化特征就是分析其所处的主流文化群体、亚文化群体、社会阶层、家庭地位等。社会性的不同也是直接决定了消费者所属哪个社会群体。

1. 主流文化群体

每个个体都处在某个文化群体中，不同文化群体接受着不同的价值观念、行为准则和风俗习惯。20世纪60年代起，流行文化在美国社会得到全面的发展，美国人民深受多元、开放、自由、享受等观念的影响，因此，美国品牌在当时一度撼动了以法国为中心的传统高级时装体系，简约、休闲的设计理念被深刻体现在服装产品中。著名时装品牌卡文克莱（Calvin Klein）就是典型的美国文化的代表，品牌所倡导的简洁、休闲、性感已经成为了美国时尚的标签（图5-1）。

2. 亚文化群体

在社会人文中，所谓亚文化就是指小众文化，然而越是小众的文化我们越需要尊重它，这也是一个社会文明程度的象征，作为服装品牌当然也应该肩负起这样的责任。青少年一般来说比较敢于彰显自己的精神追求，是亚文化群体中的中坚力量，每个国家都有一部分的青年具有他们自己独特的信仰、态度和生活方式，这些自然而然也会投射到他们的消费观念、审美取向。

如20世纪60年代成长起来的"战后婴儿"一代，在经历过极度物质紧缺的阶段后开始面对物质充裕，他们开始强调自由和自我表达的时代风貌，以嬉皮士和朋克风格为首的亚文化在当时也对时装行业有着极大的刺激。其中激进的朋克风格在20世纪70年代浮出水面，与同时代的朋克音乐一起，通过大胆和故意冒犯的态度，吸粉无数。以维维安·韦斯特伍德（Vivienne Westwood）为代表的设计师站了出来，他们让那些对保守主义、唯物主义感到失望和沮丧的年轻人看到了知音（图5-2）。

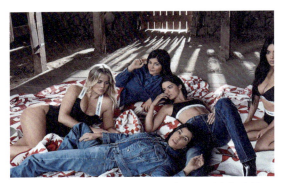

图5-1 Calvin Klein 2018春夏系列广告大片
（卡戴珊家族演绎）

图5-2 20世纪70年代Vivienne Westwood的朋克时尚

近年来大行其道的嘻哈文化也是一种典型的亚文化，但当下能在高级时装界引爆强烈反响最大的一个原因，就是在这个时代正在成长起来的千禧一代，通过对社交媒体的统治，他们在这个社会的话语权逐渐加大，年轻人正在前所未有地关注自身，他们越来越喜欢那些看起来又酷又帅气的事物。比如爆红的法国超人气潮牌维特萌（Vetements）就代表着一种街头文化，Vetements那些松松垮垮的运动装，形体、搭配和图案都是冷战和后冷战时期怀旧风格的现代改良（图5-3）。除此之外，Off-White为嘻哈文化代言，在大众市场中另辟蹊径，深得亚文化群体的喜爱（图5-4）。

图 5-3 维特萌（Vetements）2015 秋季发布会后台

图 5-4 Off-White 经典斑马线标记单品

3. 其他

在社会文化群体中，除了主流文化群体和亚文化群体，还有很大一部分消费者的文化群体身份具有一种转换性，他们也许不会一味地坚持主流文化或者小众文化，在很大程度上他们会随着条件的改变而随时转换自己的身份。这个群体的消费者如果作为服装商品企划中的一个细分市场来看，这些消费者也许更加渴望拥抱多元化，他们既不否认主流文化，又会给予小众群体极大的关怀，甚至会在特殊时期应对某些情况来切换自己的立场。比如著名国际时装大牌博柏利（Burberry）在 2018 年 2 月于伦敦时装周发布了一场以 GLBT（GLBT 是典型的亚文化）为主题的时装秀并大获成功，一时间，该品牌这一季带有彩虹元素的产品成为了时下最热的时尚单品，也许给予追捧产品的消费者们本并不是处于这个群体（图 5-5）。

除此之外，有时候消费者随时转换自己消费立场的这种行为某种程度上也是消费理念不稳定的表现。社交媒体时代已全面到来，智能信息化技术正在将整个商业体系卷入前所未有的商业精算之中，当消费者们的每一次点赞、每一次转发，快感经过脑电波发出指令的那一刻，消费者也极为可能沦为一个追逐热点的机器。

图 5-5 Burberry 2018 秋冬系列（彩虹字母元素）

（二）基于个体特征

个人特征主要分析消费者的年龄、性别、职业、社会阶层、学历、居住地、个性、信仰等特征。

1. 年龄

除此之外，根据年龄，可将市场细分为少年、青年、中年、老年等细分市场。不同年龄段的消费者对服装的需求当然有着较大的差异，这都是由于形象面貌、经济能力、社会认知的不同。因其所经历的社会时期不同，所形成的生活观、价值观不同，这也会直接影响到他们对服装审美、价值的判断与选择。因此，服装品牌企业应掌握服装市场的年龄结构、各档次年龄占总人口的比例以及不同年龄消费者的需求特点。例如在女装体系中，总有区别明显的熟女属性品牌和少女属性品牌，其中的风格、价格必然也大不相同，如百家好（BASIC HOUSE）就是典型的偏年轻化路线的女装品牌，然而作为我国本土第一代设计师女装品牌吉芬就是为成熟女性设计的，见图5-6、图5-7。

图 5-6　BASIC HOUSE 春季新品（韩孝珠演绎）

图 5-7　2016 年 JEFEN 吉芬"镜花水月"时装发布会

2. 性别

目前的服装消费市场按性别分为男装市场和女装市场，两性对于服装特点的要求上有着显著的差异，并且两性的消费取向的差别也较大，所以在服装市场上男装与女装经常被作为两个独立的商品体系来进行生产销售，甚至有的品牌只卖男装或者女装。我国著名男装品牌海澜之家的目标市场就十分明确，从品牌建立以来只针对男性市场（图5-8）。

一般来说，女性在购买服装时比较注重服装的款式、搭配、做工等细节，消费观念很多情况下被感性因素所主导，因此，女装品牌产品的新款上架周期需要缩短。除此之外，品牌价值定位、导购员的表情语调评价、陈列的布置等产品外在因素也对购买决策影响较大。近年来，女性购买服装不再仅仅追求每件衣服的质量，而是更重视搭配，以至于一个人身上可能同时穿着高级时装品牌的产品和平价单品。

3. 职业

不同职业的人群已逐渐形成一个又一个的文化群体，不同职业领域里的人对于服装的选择也不一样，他们具有相似的收入水平、教育程度、生活方式，且工作的相近性使他们相互影响，因而逐渐形成相似的消费模式、消费观念、购买行为特征。比如教师选择服装时就会避免过于休闲或者暴露，他们会比较注重服装是否稳重、大方、得体；商务人士一般会倾向于购买偏正装的服装以符合在职场上的专业形象；从事艺术工作的消费者则会选择比较张扬个性和风格的服装；穿梭于写字楼里的职场女性们在工作日常中就需要穿着一些能够构建职业风范又不失女人味的知性女装。如图

5-9所示，泰国女装品牌Sharya的主要目标客群就是职业女性一类的消费者，为消费者塑造一种具有气场、干练、知性的女性形象，适合使女性在职场中树立得体的形象气质，为女性形象加分。

图 5-8　海澜之家 2017 春夏丹宁系列（朴成镇演绎）　　图 5-9　泰国女装品牌 Sharya 的时尚宣传册

4. 社会阶层

社会阶层是指一个社会的相对稳定和有序的分类，是由于人的职业、收入、教育等方面存在的差异而形成大众阶层、中高档阶层以及顶端阶层。不同社会阶层的个体，其衣着、说话方式、娱乐爱好等很多特征都不同，尤其在消费水平、消费结构、消费偏好等方面存在明显差异。因此，在现代消费社会中，个体的消费行为特征、消费物品的类别、消费价值取向等逐渐成为社会身份地位的象征，而且各个社会阶层的成员在长期发展过程中，已形成了某些具有自身特征的消费模式。例如，处于大众阶层中的消费者一般对于品牌的认知不会太过成熟，他们可能习惯于上网购买平价产品，有的时候，快时尚也会成为他们的选择；至于中高档阶层的中产阶级，这些消费者内心一般具有品牌概念，甚至会从消费中去追寻自己的精神属性以彰显自己的身份符号。顶端阶层的象征符号也许是铂金包、私人别墅、私人游艇等，而欲进入该阶层的人们就会努力追随和模仿这种消费模式。因此，服装品牌企划必须研究目标消费者处于哪一阶层，从而创造、引导这一阶层的消费模式，那么，相应的个体就会主动选择成为该品牌的消费者。

5. 个性

个性是指人在先天遗传因素的基础上，在社会条件的制约影响下，通过人的活动而表现出的稳定的心理特征的总和。个性对服装消费偏好和购买行为都有很大的影响。例如，根据个性可将消费者划分为外向型和内向型的两类：外向型消费者开朗、热情、善于交际，服装消费偏好与购买决策易受外界因素的影响，且喜欢暖色调、色彩艳丽、对比强烈、大花纹的设计，并对服装有强烈的装饰倾向；而内向型的消费者沉默寡言，善于思考，购买决策不易受外界因素的影响，喜欢冷色调的、对比弱的、小花纹的设计，重视服装的协调性。另外，根据购买决策的理智与否，可区分出理智型、情绪型、意志型三类消费者；根据购买决策的独立能力，又可将消费者分为独立型与依赖型两类。

除以上因素外，还有个体的学历水平、居住地和信仰等个体特征要素也会不同程度地影响个体的服装消费模式。

二、基于消费习惯的市场细分

着装一般会跟生活场景紧密地联系在一起，这也是一种十分特殊但又极其重要的社会语言，消费者通常会应对不同的场景需求来选择消费不同类型的服装。但是更为本质的是消费者们的消费习惯总是受着不同因素的影响，从而划分为不同的市场，因此品牌企业需了解目标消费群体购买服装产品的习惯，包括购买时机、购买场所、购买方法、购买动机等，以使消费者更快捷、更简便地得到更好的产品和服务。基于目标消费者不同的购买行为习惯，服装品牌可制订相应的渠道和推广策略。为更好地进行产品设计，需了解消费者选择本品牌服装的着装场合、穿着频率，以确定服装品牌的产品组合和生产量。并且，企业可以主要从消费者着装目的和价值观等因素来分析一些主要的消费习惯。

但是事实上，在消费社会中，影响着消费市场的因素往往并非单方面的因素就能一言而喻的，消费者的属性和消费习惯一般都会相互交织、相互影响，从而决定着市场细分。

（一）着装目的导向

1. 生理因素

在日常着装中，功能性与实用性是服装最根本的属性，一是对人体生理机能的弥补，二是防止外来伤害的身体保护。由于自然环境、气候条件等的不同，服装就成为人们用以蔽体保暖的重要工具。服装的隔热性能、透湿性能，服装材料的力学性能、可燃性、防静电功能、防水与防风功能、服装的合身程度、对身体的压力以及对皮肤的敏感等，都是对服装最基本的要求。人们的审美观不尽相同，但对服装的生理要求大同小异，唯有可以更好满足人们生理要求的服装才能得以流行和传播。

2. 心理因素

服装在满足人类生理性需求的同时，很大一部分还是一种精神的诉求，人的各种复杂的心理性需求对服装的流行产生了重要的推动作用。

（1）两种心理倾向。在影响服装消费的心理因素中，存在两种心理倾向，分别是求异心理与求同心理，它们可以说是服装流行产生的原动力。所谓求异心理，是指追求新、奇、异的心理，尽管有些消费者并不是刻意而为之。因此，有一部分人确实喜欢通过着装来表达自我，在他们看来，服装也是一种语言，对于很多有一定经济实力的消费者来说，这个时候走量较少、又富有设计感的独立设计师品牌就会成为他们的选择。而另外一部分人则时刻抱着求同的心理，他们喜欢安于现状，不喜欢标新立异，希望融合于大众，在习惯中获得安定感，所以往往会选择"网红爆款"或者商业品牌。不过事事并非绝对，如今很多大众商业品牌也都争相想要争夺媒体，成为个性化、视觉化的标榜，如我国本土知名商业品牌PEACEBIRD（太平鸟）就在近几年尝试转型并获得巨大关注，学会引用青年文化来另辟蹊径（图5-10）。

图5-10　2018年太平鸟男装×可口可乐合作系列

（2）爱美心理。人对美的追求是本能，是一种来自远古的迷思，从原始社会的刺面文身到现代文明社会的时尚装扮，无不体现着人们的爱美之心，这也正是流行普及的重要因素。一季又一季的流行趋势正是体现了人类对于美的永不停歇地追求，每一阵流行风尚都会吸引一大批追随者，这些追随者在爱美求新的心理作用下将流行普及，他们是美与流行的积极追随者。装饰与美化是服装除功能性外的最大的属性，适合的服装会为人们的形象加分，爱美心理是每一位服装的消费者都无法否认的事实。这类衣物是基于个人的主观要求被选择采用的，是自由的、不受限制的。

（3）模仿心理。模仿是人类的重要心理现象。亚里士多德曾指出：模仿是人的一种自然倾向，人之所以异于禽兽，就是因为善于模仿，他们最初的知识就是从模仿中得来的。

严格来讲，模仿是服装流行和审美过程中重要的传播方式，正是因为有了模仿，流行才能得以成为一种普遍现象。新鲜美好的事物往往容易打动人们的心，时尚的服饰装扮成为竞相追逐的风向标。人们就是通过流行时尚的模仿来获得追随的权力，以此来寻求一种心理上的平衡。

（二）价值观导向

1. 生活方式

生活方式是指人们根据自己的价值观念安排生活的模式，包括消费者的活动、兴趣和观念，即AIO[Activities（行动），Interests（兴趣），Opinions（机会）]。人们在选择服装时多遵循TPO[Time（时间），Place（地点），Object（人物）]原则，即根据时间、地点和场合来搭配和选择服装，因此，生活内容不同、兴趣爱好不同、价值观念不同的个体，其着装的特性也不同，即选择的服装品类、款式、色彩、材料、品牌等都不同。

换句话说，很多时装品牌背后都有自己的一个品牌故事，而这个故事一般都是某种文化意识形态的产物，也可以认为是倡导的某种生活方式。比如一度成为美国生活风格的卡文克莱（CALVIN KLEIN），让美式简约与美式性感开始真正进入消费者的生活。再比如，以维特萌

（Vetements）为代表的后苏联美学帮，同样引起一定波澜还有俄罗斯设计师高布·卢布沁斯格（Gosha Rubchinskiy），这些品牌构建起冷战和后冷战时期青少年们的生活状态和方式，一度勾起了西方世界对苏联和俄罗斯的好奇（图5-11）。

图5-11 维特萌（Vetements）的苏联风格服装[摄影：帕特里克韦尔德（Patrick Welde）]

与过去相比，现代生活的特征是生活内容丰富、生活趋于多元化，消费者越来越注重消费行为与自我投射之间能否形成桥梁，文化诉求能否在品牌中得到共振。因此，如今服装品牌企业已经刻不容缓地需要根据目标消费者的生活方式制订品牌企划与定位。

2. 购买意识

购买意识即目标消费者做出购买决策的影响因素，通过消费者市场调研可以获取此信息。影响消费者服装购买决策的主要因素有品牌名称、生产商、卖场服务及环境、流行性、设计、廓型、色彩、材料、尺寸、品质、价格等，但针对不同消费者、不同产品类型，这些因素的重要性会有所不同。一般来说，价格对于低收入群体最重要，款式对于中等收入群体最重要，而品牌对于高收入群体最重要；女性消费者相对更注重产品的流行性以及卖场环境和服务，而男性消费者对品牌和品质更为看重。

影响消费者购买意识的主要因素，也正是服装品牌可以着重创造竞争优势的地方。例如，对于运动品牌，消费者最看重的是产品的舒适性与功能性，若品牌在此方面创立优势，那么在市场取胜就相对比较容易。

3. 价格认可

价格认可即目标市场的消费者可接受的价格范围。总而言之，消费者的消费价值理念事实上是完全被消费者自身的阶级属性所决定的，这也是前面提到的，影响品牌市场细分的因素从来都是互相交织互相联系在一起的。

不同层次品牌的定价方法是大相径庭的，一般大众服装品牌的定价基本采用成本定价策略，主要采取走量的方法获取盈利；而一些中高档以上的服装企业，服装产品的价格往往取决于品牌附加值,所以最终产品的定价会高出成本很多。早在上个世纪初就有学者提出过,我们购买的不是产品,而是品牌兜售的信号。近年来最为典型的案例应该就是奢侈品大牌们将运动街潮风玩得大行其道,运动鞋开始成为各名牌们的主打款,一时成为时下最热的单品。然而奢侈品运动鞋主要靠产品附加值产生的品牌溢价盈价,运动鞋制作成本低,并且不强调功能性,研发成本进一步压缩,问题的关键之处在于,千禧一代这一群奢侈品激烈争夺的群体是愿意为品牌溢价买单的消费者,因为他们肯定的是品牌身份。如图5-12、图5-13所示的巴黎世家(Balenciaga)的Triple-s老爹鞋和路易威登(Louis Vuitton)的运动鞋已经成为备受追捧的产品。

图 5-12　2017 年巴黎世家(Balenciaga)Triple-s 秋冬运动鞋

图 5-13　2017 年路易威登的 ARCHLIGHT 运动鞋

如今的服装产品给消费者带来的精神价值远远大于物质价值,而精神价值难以估量,因此,目前市场上同类产品的价格差异很大。但价格毕竟是影响消费者购买的重要因素,价格太高,销量就会很小,而价格太低,单位产品的利润也会很低。所以,在消费者调查中务必要了解目标消费者对于该品牌产品的价格认可范围,以此为依据,在价格与销量之间取得平衡,从而实现利润最大。

三、基于服装产品的市场细分

首先可以按照服装产品品类来区分,可分为大衣、套装、裙装、裤装、针织衫、厚运动服、休闲健身运动服、内穿服装、家用纺织品等市场。

价格是常用的细分标准,可分为高档、中档、低档三个子市场。最近,日本和美国又兴起了新的更细的分类:国际著名品牌、高档品、中档品、大众品、廉价打折品。

我国各地区四季变化明显,不同季节着装差异较大,通常将季节划分为春、夏、秋、冬四季,或初春、春、初夏、盛夏、晚夏、初秋、秋、初冬、冬等市场。我国东北地区的冬季比较漫长并且尤为寒冷,所以在服装商品企划时就应该配比相应数量冬款以及比别的地区提早企划冬款。季节细分要根据市场所在地区的具体气候特征来确定细分为哪些市场。另外,节假日消费越来越受到关注,于是,在季节划分时,新增加了一个假日市场,主要包括五一劳动节、十一国庆节、春节等法定节假日。

另外可以根据品牌风格对服装产品进行市场细分,事实上这是一个极其庞大的话题,世界上存在着成千上万种服装风格，重要的是如何定位产品，常见的可分为中性化的、普通的、传统的、优雅的、奢华的、浪漫的、活泼的、成熟的、可爱的、别致的等细分市场。也可以根据时尚度高低，分为时尚度低、时尚度中、时尚度高等子市场。企业应当根据具体市场的特性，选择适当的变量进行市场细分。

服装消费市场本质是商品分类选购，由于构成服装产品的要素众多，而消费者的需求各有不同，因此理论上的细分组合是无限的，但对于服装企业来说，细分的目的主要是选择有足够容量，有利可图，并且是可操作的目标市场。因此，在进行服装市场细分时，应广泛开展市场调研，收集消费者信息，听取销售店铺人员的见解，分析竞争对手的战略和策略，以及企业自身的能力，细分市场，并确立企业的战略目标。

所以当某一品牌预计进入某一地区市场之前，首先一定会选定当地市场作为研究对象，研究自身的品牌文化是否适应当地人文，更重要的是观察当地有无与品牌精神相契合的消费者群体。这不仅需要调查一些主要路线相似的服装品牌在当地市场的策略、经营模式、产品种类、价格档次和零售分布，还针对当地消费者对价格、面料、色彩、服装类型和款式的喜好做市场调研，为最终确定细分市场和应对策略提供参考依据。

第二节　品牌定位的基本构成要素

服装品牌在狭义上是指服装的商标，是区别服装商品归属、经过工商登记注册的商业性标志。它是一个具有认知代表意义的非物质状态的产品符号。但是从更广泛的角度上来看，品牌是指企业通过各种营销手段在消费者心中所实现的产品形象，是产品内在精神与外在特征的综合反映。

品牌定位是表达品牌主要的形象风格与文化价值观，更进一步的甚至可以说是消费者社会角色的标识象征，最终并能被消费者认知或认可，但是这一切都建立在一系列严谨的市场细分的基础之上。正是因为有了具体的市场细分之后，服装品牌就能明确一个清晰的目标客群和定位，随后品牌定位的目的是将产品转化为品牌，以创造文化价值，使之与竞争对手区别开来，在激烈的市场竞争中为自己寻找适合生存的空间，并在消费者心中占据独特而具有价值的地位。品牌定位是企业对其文化取向和个性差异上的商业性决策，决定了企业的竞争力与发展空间，直接关系到企业的生存与发展。企业在经营过程中所做的一切都是在实施它的商品定位。

一、基于服装产品的品牌定位

所谓服装产品的品牌定位是产品在未来潜在消费者心目中占有的位置。重点是在对未来潜在消费者以及潜在消费者们的需求做足准备。为此要从产品特征、包装、服务等方面做研究，并考虑竞争对手的情况。产品定位一般包括产品类别定位、产品价格定位、产品风格定位等。表5-1是基于产品本身的品牌定位要素。

表 5-1 基于产品本身的品牌定位要素

要素层面	核心出发点
产品设计	面料：多数产品采用这种面料，并且企业一直在为这种面料的研究升级做努力
	款式：这种款式特色明显，同时期的企业并未将其作为核心的产品款式
	色彩、图案：面料本身色彩、图案的特殊性，或者对其进行了面料再造，或者图案的形成采取特殊工艺
	工艺：产品在制作过程中采用了先进的制作工艺、特殊的设备等
产品价格	主要从定价上来进行品牌的定位，强调物有所值，考虑目标市场的消费水平
产品品质	从产品的所以要素整体出发，强调物有所值但非低价，以不变的品质吸引消费需求
产品风格	取决于产品的风格类型：浪漫、淑女、经典、田园、民族、职业、休闲、运动

（一）服装产品类别定位

产品类别定位的目的，在于该产品在消费者心目中的价值地位。品牌实现盈利必须依靠具体的产品，而产品的销售又取决于消费者的需求。因此，市场需求决定了产品的类别，应将某类产品固有的独特优点和竞争优势，连同目标市场的需求特征和消费欲望等综合在一起考虑，以分析本身及竞争者所销售的产品。作为服装企业在创新产品类别时，除了依据市场对产品的需求以及自身企业资源的特点外，还应该使用其他手段来弥补产品类别开发的不足。

（二）服装产品价格定位

产品的价格直接决定了该品牌的层次，在前面也反复提到了服装产品的价格定位往往与品牌想要服务的目标市场以及针对的细分市场是密不可分的。就现今的服装体系来看，依旧分为大众层面、中高端层面以及高端层面，主要形容工厂大路货（地摊货）、大众商业品牌、独立设计师品牌、高级成衣和高级定制时装等，这些不同层面的品牌类型，其价格定位当然也是具有一定差距。

服装产品的价格定位是与企业的利润率有关的，同时也与企业的市场定位有关。例如设计师品牌服装的利润空间较大，高档价位服装的利润空间较大，中档价服装的利润空间中等，低档价位服装的利润空间较小，折扣价服装的利润空间最小。

（三）服装产品风格定位

服装产品风格就是服装品牌中极其显著的视觉门面元素，其中应该包括产品表现出来的设计理念和流行趣味。品牌应及时准确地把握当下的流行风尚与消费者当下所热衷的事物，这是服装产品风格定位的关键。适当地了解消费者的生活方式可以帮助企业准确描述消费者的生活轨迹和消费态度，透过消费者个性特征的表面去深入了解他们的动机、需求、喜好、品牌意识及品牌忠诚等，从而进行准确的服装产品风格定位，建立独特的品牌个性。

在明确目标市场之后，服装品牌还必须清晰地向人们展示该品牌为哪种生活方式的消费品牌风格。消费者的认同和共鸣是服装品牌风格定位的关键，服装品牌的风格要与目标消费者的个性、气质及生活方式相一致,即提供符合上述目标消费群体需要的设计和产品。从服装品牌风格定位的过程可以看出,成功完成品牌风格定位的关键在于找准目标客户群并准确描绘目标客户群。

二、基于目标市场的品牌定位

所有品牌定位的依据都是相互牵连和制约的,企业在做品牌定位的时候往往需要同时考虑所有的因素。所谓基于目标市场的品牌定位,即以消费者为研究主体,再根据目标市场产品竞争状况,针对消费者对该类产品某些理念或特点的共鸣,为本品牌产品塑造强有力的、与众不同的鲜明个性,并将该形象生动地传递给消费者,赢得消费者的认同。

目标市场定位的实质是使本品牌与其他品牌严格区分开来,使消费者明显感觉和认识到这种差异,从而在消费者心目中占有特殊位置。经过市场细分之后,企业便会面临众多不同的细分市场,企业必须仔细从中选择自己的目标市场,以便集中全部市场营销能力更有效地为这些目标市场服务,从而获得相应的经济回报。

目标市场是指企业在市场细分的基础上,根据市场潜量、竞争对手状况、企业自身特点所选定和进入的特定市场。目标市场选择,是指企业从可望成为自己的几个目标市场中,根据一定的要求和标准,选择其中某个或某几个目标市场作为可行的经营目标的决策过程。目标市场选择是市场细分的直接目的。一旦确定了目标市场,企业就要集中资源,围绕着目标市场发挥其相对优势,来获取更佳的经济效益。因此,选择目标市场是企业制订市场营销战略的基础,是企业经营活动的基本出发点之一,对企业的生存和发展具有重要的现实意义。图5-14是杭州黯涉电子商务有限公司七格格品牌的目标市场定位图,按产品类别分为Othersin(原罪)、Othermix(艾森美斯)、IAIZO(艾卓)、Othercrazy、Otherfaith,按其风格及产品系列进行详细的目标定位。

(一)目标市场的定位类型

服装品牌选择的目标市场的范围不一样,商品策划的策略也相应有差别。品牌的目标市场选择策略大致分为以下几种类型。

1. 无差异性目标市场策略

指企业把整体市场看作一个大的目标市场,认为企业只向市场推出单一的、标准化的品牌产品,并以一种统一的销售方式来销售,仅仅只从价格上获得优势,无法为消费者创造需求。这是品牌定位中最为低端的目标市场策略,显然这种大众化的营销手段为开拓市场的作用是很有限的,且只有常规的品类,如中低档均码的T恤衫、长筒裤、衬衫。

快时尚品牌ZARA、H&M进入中国市场后,受到国内年轻时尚消费者的追捧,其成功的关键就是品牌体现的时尚性。但品牌同样也会面临诸多服装品牌仿冒的风险,由此H&M另辟蹊径选择与国际知名服装设计师联手打造设计师系列产品,这其中有卡尔·拉格斐(Karl

Lagerfeld)、斯特拉·麦卡特尼(Stella Mc Cartney)、维克托·罗尔夫(Viktor & Rolf)、马修·威廉姆斯(Mattew Williamson)、朗雯(Lanvin)等。作为竞争品牌，ZARA和H&M虽然在产品风格上比较相似，但是H&M与设计师合作的产品系列则在某种程度上提升了品牌的定位，而且进一步加深了品牌在消费者心中的时尚性。同样作为英国高街品牌的Topshop、River Island也是以H&M和ZARA为竞争对手，这4个品牌的核心消费群都是18～30岁左右的男女青年，产品设计新潮、前卫、时尚、融合了欧洲最新的流行元素。图5-15是快时尚品牌的定位分析。

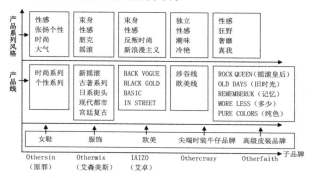

图 5-14　基于目标市场的七格格品牌定位

图 5-15　快时尚品牌的定位分析

2. 密集性目标市场策略

指企业把全部力量集中在某一个或某几个细分市场上，企业针对细分市场的消费需求的差异，选择某一个具有较大发展潜力又占据一定优势的市场，设计、生产、销售目标顾客需求的品牌产品，并且制订相应的营销策略。优点是企业可以集中全部力量为一个或少数几个细分市场服务，容易掌握消费者的反应和要求，了解市场的竞争动态，扬长避短，在市场中处于有利地位。由于在较小市场上进行生产，营销专门化的企业可以节省经营费用，加快资金流转，提高投资效益，从而增加盈利。如泰国女装品牌Sharya，该品牌主要针对高知女性服装市场，该服装品牌策略基本只针对高档且时尚度高的市场作为目标市场。这种策略的优点在于，该市场领域中的目标客群经济独立，且对生活产品有审美和文化追求。缺点是由于目标市场较比较集中，一旦市场情况发生突变，企业可能立即陷入困境，造成严重经济损失，所以企业应该重点提高服装质量和不断提升设计理念以留住乃至吸引更多的客户。

3. 差异性目标市场策略

指企业在对整体市场进行细分的基础上，针对每个细分市场的需求和特点设计、生产不同品牌产品，制订并实施不同商品策划方案。该策略试图以差异性的产品满足差异性的市场需求。优点是服装企业针对市场和顾客需求，确立多个目标市场，为每个目标市场设立一个品牌，这样既可扩大经营领域和销售的潜力，又不会造成目标市场混乱和市场定位差错。这样的服装企业通常会成立各个品牌专门的部门，即一个服装品牌下创立其他的产品线，每个品牌都有品牌经理负责设计、生产、促销管理，这种由多目标市场的多元化商品而形成多品牌共存和品牌负责制能充分发挥平衡发展，从而避免单一目标市场的竞争风险。

比如一些高级时装品牌为了迎合部分中高端的消费者会设立商业品牌线，或者一些大众商业品牌为了开拓进一步的市场会开设高端线路，以及有些品牌既有女装线又有男装线。其中比较典型的是日本著名设计师川久保玲主导的国际知名时装大牌COMME des GARCONS，它以高级成衣线为主，另外针对大众市场创建知名的商业品牌线COMME des GARCONS PLAY系列，深得大量想要拥有国际大牌但却无法完全担负起高级时装价格的消费者的喜爱，至今都是热门潮流品牌（图5-16、图5-17）。

图5-16　COMME des GARCONS的2011春季高级时装线

图5-17　COMME des GARCONS的PLAY系列——经典红桃眼

4. 单一市场集中化

即只选择一个细分市场，比如有的时尚品牌基本只针对一个商品品类来进行销售。比如潮牌MLB以美国职业棒球联盟为主题，只销售棒球运动风格的产品，但是该品牌企业很会运用这种独特的文化语言，让原本只作为单一的棒球职业装被点燃起美式文化的火花。现在，该品牌已经成为潮流乃至时尚的代名词，时常被邀请与各大知名品牌联名合作，吸引着不同群体的消费者的青睐。首先该品牌所针对的目标客群是十分明确的，所以品牌对于产品的风格比较容易统一把握并且集中优势建立牢固的市场地位，但经营风险较大，一旦此目标市场反响不好则整个企业都会受到影响。图5-18为古驰2018年早秋男装系列与MLB合作的单品。

图5-18　古驰2018年早秋男装系列与MLB合作的单品

5. 选择性专业化

即选择进入几个不同的细分市场。服装品牌必然是面向大众的，所以明确哪类产品可在消费者中获得大众市场是十分必要的。有调研报告通过对女性市场细分发现，无论哪个年龄段，都有很大规模的消费者偏好中高档且时尚度适中的服装，于是选择了每个年龄段市场中的中高档、时尚度中等的市场部分。这一策略便于规避经营风险，但由于各子市场特征差异较大，对于企业经营能力和水平都提出了较高的要求。

6. 产品专业化

即企业同时为几个细分市场生产和销售一种产品。如著名的美国运动服饰品牌New Balance在近年来让失传已久的"老爹鞋"再次重回大众视野（图5-19），为消费者们提供了更为丰富的运动鞋品类。这一策略的优点在于可帮助企业形成在该产品上的生产和技术优势，在该领域树立形象，但该产品一旦出现替代产品，企业将面临极大的危险。

图5-19 New Balance与杰克·丹克利夫合作的定制款老爹鞋（上）、经典M1300 JP2（下）

（二）目标市场的细节定位

针对服装品牌的目标市场进行细节定位的方法主要有以下几种。

1. 根据产品特色定位

即根据构成产品的某些特色因素进行定位，如款式、做工、价格、性能等。比如当今全球户外运动领导品牌北面（The North Face）生产以经过运动员测试探索、适应各类户外需求的产品为主，所以部分产品的保暖性与防寒性等功能性是品牌十分注重的层面（图5-20）。

2. 根据产品使用场合和用途定位

即根据服装所适用的生活场景进行定位。服装品牌可基于这些基本的生活场景（如工作、休闲、运动、旅游、居家、学习等）和通常的着装方式进行创新改革，引导新的生活方式。比如我国本土服装品牌安莉芳，主要就是向消费者提供内衣和睡衣销售，这是消费者居家时刻的选择。

3. 根据使用者的类型定位

即根据产品的使用者类型对品牌进行定位，往往这一定位都能体现出该使用者的突出形象特征。比如著名国际时尚大牌普拉达（PRADA）曾经就是为高知女性而围绕展开品牌定位的，在西方国家该品牌这一理念也早已深入人心（图5-21）。

图 5-20　北面品牌的 HYKE 2018 秋冬系列

图 5-21　普拉达品牌宣传短片——《迷失西安》胶片影像

（三）根据目标市场品牌定位的步骤

为准确进行市场定位，企业往往将定位建立在自身的优势方面，定位最终的目标是让消费者认可，因此，最好还要将定位准确地传达给目标顾客。目标市场定位的基本步骤如下。

1. 调查研究影响企业市场定位的因素

调查了解影响消费者购买此类产品的重要因素，然后考察基于这些因素，消费者对于本品牌和竞争品牌的评价、印象，最后找出对本品牌发展、定位有利的因素。

2. 选择定位策略

在上面确定的定位因素基础上，结合品牌自身特征和优势，选择定位的策略，确定定位的理念。

3. 准确传播品牌的定位理念

企业做出定位决策后，应采取有力的宣传手段，将品牌的定位理念准确传播给消费者，为推出产品做好铺垫。

三、基于竞争对手的目标定位

即根据竞争者的定位，采取"对着干"的定位法或避让定位法，来确定本品牌的定位。通常来看，现代的服装品牌在定位时，更多的是在生活方式或文化等方面进行。因为品牌不再仅仅是识别的工具，而逐渐由于突出的个性、带给消费者的精神利益而成为消费者购买的理由，服装产品逐渐成为消费者生活和个性的象征，消费者对于服装品牌的要求越来越高。如今，能体现目标消费者生活方式、甚至能引导生活方式改善的服装品牌越来越受到欢迎。

企业进行目标市场选择时，如果不考虑竞争者状况及其采取的策略，就难以生存与发展。正所谓："知己知彼，百战不殆。"一般说来，企业的目标市场策略应与竞争者有所区别，反其道而行之。如果强大的竞争对手实行的是无差异性市场策略，则企业应实行密集性市场策略或更深一层的差异性市场策略。如果企业面临的是较弱的竞争者，必要时可采取与之相同的策略，凭借实力击败竞争对手。如在运动品牌市场竞争激烈的情况下，很多品牌开始采用避让定位法，比如范斯（Vans）定位为运动街头品牌，着重发展滑板文化，反其道而行反而使品牌取得了成功（图5-22）。

图5-22　2018年范斯品牌Authentic 44摄影实录

四、基于情感导向的品牌定位

消费者消费品牌产品的理由之一，是消费者希望通过品牌的符号价值来表达其社会属性、审美情趣、自我个性、生活品位等可以产生自我满足和自我陶醉的心理感受。因此，服装企业往往通过对消费者心理的影响，制订相应的宣传策略，来赢得消费者的心理共鸣。情感定位是将人类情感中的关怀、牵挂、思念、温暖、怀旧、依恋、欢欣、舒畅等情感因素以任何可以察觉的方式融入品牌形象和产品中，使消费者在观赏、购买、使用产品的过程中获得这些情感的体验，从而唤起消费者内心深处的认同和共鸣，最终获得对品牌的喜爱和忠诚。

描述到这里不得不提的就是"无用"品牌。它的创始人马可在提到创立品牌之时并没有刻意的商业战略，一切都是顺心而为，所有的设计都围绕着"奢侈的清贫"这一理念展开。设计师在创作中把消费者当作"家人"，在现代生活中倡导返璞归真、回归自然的人生观。也正是因为这种品牌精神是反现代和反城市化的，其发展和壮大才并不能依靠给人们灌输现代的商业逻辑而达成，而要靠建立情感纽带。品牌的设计理念第一是纯手工制作，第二是就地取材，第三是为了日常生活，第四是可完全降解回归自然，客观的表现就是最低限度地对物质的占有，最为自由和充实的精神生活，不执著于一切世俗的欲望，消费者能够通过这种情感触动而做出自身的主动选择是品牌的期许，我们常在那些强调冷静和克制的品牌身上见到类似的价值观（图5-23）。

五、基于设计师风格的品牌定位

所谓设计师风格的品牌定位一般多形容独立设计师品牌的定位方向，说起独立设计师这一概念，简单来理解就是设计师对自己的品牌拥有较大的自主权，可以以设计师本人的品位和理念决定品牌的走向，并且基本以人员规模较小的工作室的形式进行，设计的自由度往往更高。

从以往实践中看，设计师品牌规模成长到一定程度，就会面临一个如何在继续保持稳定的业绩增长的同时并且坚守个人设计理念的挑战。比如当受众群体较小时设计师的个人风格比较容易找到有共鸣的群体，反之随着业绩的增长就意味着消费受众群体的扩大，这就需要更加宽泛地走入公众视野去考虑顾客的着装品位与习惯，建议设计师在坚守个人风格的前提下追求商业上的可持续发展，只面向自己的受众群体。图5-24是设计师品牌Ziggy-Chen 2018秋冬系列产品。

图 5-23 "无用"品牌形象　　图 5-24 设计师品牌 Ziggy-Chen 的 F/W 2018 秋冬系列

品牌的设计师风格是产品在消费者心中形成的总体印象，是品牌设计理念的表现。著名设计师香奈儿说过：流行稍纵即逝，唯有风格永存。服装风格往往受设计师影响，表现设计师独特的创作思想与艺术追求，具有鲜明的时代特色。设计师在设计服装时，可以不断地为品牌注入新的活力，但应注意服装风格与品牌风格相符合。风格不是固有的，而是可以创造的。风格一旦形成，影响的便不只是一个时代、一个地区，而是具有长期的传承性和世界范围的延伸性。每个品牌都应有自己独特的风格。确立成熟稳定的品牌风格，是企业永葆青春的决定性因素。

六、基于社会文化的品牌定位

基于文化因素，在描述社会文化群体的市场细分时就已经进行过一定的分析，所以对现阶段受文化因素影响的品牌定位有着很好的铺垫，可以更有方向地对自身品牌文化进行把握。品牌文化是企业在长期经营活动中创造出来的物质形态和精神成果，是企业和消费者共同作用下形成的对品牌的价值评价，是体现企业精神、满足消费者需求的重要内容。品牌是文化的载体，文化是品牌的灵魂。品牌价值的核心是文化，品牌拓展的空间也在于文化，品牌文化发展的最高层次是在消费者心目中形成一种信仰。

通过传达特有的品牌文化特点形成一定的品位，成为某一层次消费者文化品位的象征，从而得到消费者认可，使他们获得情感和理性的满足。根据马斯洛的需求层次理论（如图 5-25），从服装仅仅作为人们防寒护体的工具材料，再发展到消费者开始在购买行为上追求实质利益、精神和心理利益，换而言之，人们在消费上有着更高的需求。即人们不仅注重产品给消费者带来的具体效用，更会从消费社会中去寻找现代人的个体性，从文化领域的诠释谱系中找寻高价值的原因，或者将消费媒介贩卖的生活方式和价值观翻译到自己的话语体系中去。拥有文化内涵的品牌具有独特的魅力，会拥有消费者的强大认同感，有助于品牌的发展与传播。现在有越来越多的消费者想要去坚持环保服装商品，服装行业是世界第二大工业污染行业，仅次于石油，其中因为牛仔裤需要借用特殊的工艺才可制造出水洗效果，生产与加工更是会加倍地污染水源和浪费水资源，因此有的消费者愿意花数倍的价格去购买用石头手工打磨的牛仔裤。

品牌的文化需要时间的积淀。用悠久的历史文化或社会背景作为品牌形象建设的素材更易获得人们的认可和信任。国际高端市场有一句名言：所有的奢华做到最后都是在经营文化。例如奢侈品品牌路易威登（Louis Vuitton）、迪奥（Dior）、爱马仕（Hermes），它们都有自己的故事和文化，它们本身所代表的文化已经超越了企业本身。早在19世纪50年代，路易威登靠极其优质品质的皮具旅行箱赢得了第一批消费者皇宫贵族，一时间在上流社会成为了度假远行必备的皮具箱，品牌的口碑很快传遍了整个欧洲贵族圈，同时也增加了品牌质感和消费者群体认同感。直到19世纪60年代，路易威登的产品在当时的世界博览会中赢得大奖后，品牌又迎来了一个更进一步的发展与转折，影响力倍增，随后便马上在海外开了第一家分店，开始奠定起了全球化的基础。

19世纪，资本主义经济迅速发展，路易威登品牌的业务也从旅行箱过渡到手提包。不仅满足了资产阶级新贵使用宫廷物品的愿望，用金钱来得到身份的置换，还向他们提供了只有贵族才能享受的特别服务——特别订制。这种服务完全为消费者的个人需求而设计，在使用的方便性上可以最大限度地满足消费者需求；同时，每年只有数十件且价格昂贵的订制产品满足了目标消费者彰显其新贵族身份的心理需求。

"LV"商标的诞生对路易威登具有划时代的意义。它令路易威登开始作为品牌象征注入人们的观念，开启了路易威登的品牌时代，成为路易威登产品的符号代表。"LV"就是人们心目中的尊贵象征，拥有"LV"和渴望拥有"LV"的人在心理上形成了共同的价值取向和情感体验（图5-26）。

图 5-25　马斯洛需求理论

图 5-26　路易·威登经典皮箱

时间是最好的广告，因为是经过时间与消费者考验的，所以其质量与服务是值得信赖的。品牌具有差异性的文化定位能够大大提升品牌的品位与档次，并且能够带来巨大的产品附加值，使品牌长期屹立不倒。

第三节　服装品牌命名和标识设计

市场营销专家菲利普·科特勒认为："品牌是一种名称、术语、标记、符号或图案，或是它们的相互组合，用以识别企业提供给某个或某群消费者的产品或服务，并使之与竞争对手的产品或服务相区别。"品牌名称和品牌标识组成了品牌最重要的两个部分。品牌名称是可以用文字表达的语意部分，品牌标识是用图像表示的视觉部分。

一、服装品牌的命名

（一）品牌名称的概念

品牌名称是品牌中能够读出声音的部分，是品牌显著特征的浓缩，是形成品牌文化概念的基础。品牌名称是品牌的第一张名片，是打开市场的敲门砖，它能通过语言文字第一时间向社会公众表达信息，是品牌留在社会公众心中的第一印象。品牌名称一般由词语、字母、数字、特殊符号等元素组成，将这些元素进行有机的组合，使之能够清晰地表达品牌独特的个性与文化。

（二）品牌命名的原则

品牌名称的命名目的是让消费者产生购买联想，塑造意识价值，促成消费者的购买行为。品牌名称通过影响消费者的品牌认知和品牌联想，决定着一个品牌建设的兴衰成败。因此，企业在进行品牌命名时需要遵循一些基本的命名原则，从而确定一个有利于传达品牌定位方向、有利于品牌传播的品牌名称。

1. 合法原则

品牌名称必须符合商标法的规定才能向专利机构申请商标注册，才能得到法律的认可和保护。例如，商品品牌中不能出现与国家或组织名称、国旗、国徽等相似类似的文字及图案，不能用地理名称，所用外文没有姓氏的意义。

2. 简短并具有象征性原则

品牌名称应简单、凝练，并具有特殊的寓意，以便于消费者通过各种途径在市场上流传。德国著名的品牌专家海因里赫·赖夫认为，评价品牌名称好坏的第一项标准就是简明性。品牌名称过长或过于复杂，会造成消费者认知、理解上的困难，产生厌烦排斥心理，不利于品牌形象的建立。

象征性能启发消费者的心理联想，可以直接或间接地传递产品的某些信息。这些联想可以是品牌具体服务对象、品牌经营理念、品牌文化、传统文化、美好的感情等正面联想。例如中国运动品牌李宁，以体操王子李宁的名字作为品牌名称，简单易记，很容易让人联想起李宁的奥运冠军形象和其充满激情的运动精神，这有助于李宁品牌创建良好的品牌形象。

3. 易读记、易发音、易识别原则

品牌名称在词形上应让人一目了然，避免出现生冷晦涩的字眼，体现出易记、易识的特性；在词音上应避免出现多音字和使人产生误解的词语，体现易读、悦耳的特性。品牌名称只有易读、易记、易识，才能高效地发挥它的识别功能和传播功能。

4. 启发积极联想原则

品牌名称能够反映产品的某些性能和特点，通过品牌名称的传播向消费者透露产品的相关信息，能够引导消费者认知产品特色，促进购买。20世纪90年代我国的知名品牌金利来最初叫做金狮，在粤语中念成今输，自然没有多少消费者愿意青睐这个品牌，直到改名为金利来后，从此才打开销路。

5. 尊重地域文化原则

由于各个国家和地区的文化会有差异，所以品牌在进驻某个国家或地区时应尊重当地的文化习俗，适应消费者的文化价值观念和潜在市场的文化观念，将自身的品牌名称与当地所崇尚的文化联系起来，进而减少品牌推广的时间和精力。

（三）品牌命名的方法

1. 产品特点命名法

根据产品的特点命名，使消费者快速联想和认知产品属性和特点，对产品有清晰的定位。例如德国时尚品牌雨果博斯（HUGO BOSS），从字面上消费者就立马能感悟到该品牌是针对成熟商务人士所定位的，该品牌也确实以西服套装著名。

2. 人名命名法

根据真实的人物命名，往往是根据企业的创始人、设计师和名人的姓名命名，例如克里斯托瓦尔·巴伦西亚加（Cristobal Balenciga）、伊夫·圣·洛朗（Yves Saint Lauret）、加布里埃·香奈儿（Gabrielle Chanel）等。另外，由虚拟的人物命名，例如达芙妮(Daphne)、耐克(Nike)根据希腊神话人物命名。

3. 动植物命名法

一般以故事丰富、外观特征突出的动物和美好象征的植物来命名，以此来表达品牌的形象，例如啄木鸟、红蜻蜓、七匹狼、袋鼠、春竹、杉杉等。

4. 数字、字母命名法

运用数字、字母或两者结合起来为品牌命名，给人新颖、独特的感觉，提升消费者的好奇心，引起消费者的兴趣。例如I.T、Y-3、b+ab等。

5. 目标市场命名法

根据品牌的目标市场命名，将目标市场与品牌联系起来，获得目标市场社会公众的强大认同感，例如好孩子、都市丽人、七匹狼、劲霸男装等。

6. 中外结合法

此法运用中文和字母或两者结合起来为品牌命名，来迎合消费者的崇洋心理，可增加消费者对产品的信心，进而促进产品销售。例如欧洲新锐品牌"欧时力"就是用英文"Ochirly"音译作为品牌名称，表现时尚摩登的都会气质。有一些企业盲目使用洋名，虽然在一定程度上促进了销售，但对我国服装品牌的发展和中国文化的传播是极其不利的。

7. 创意命名法

此法运用新颖独特的创意性词汇，使品牌名称具有差异性以满足消费者的反叛求异心理，并以此表达一种酷、炫的生活态度和生活方式。例如，地素、哥弟、播broadcast等。表5-2为服装品牌命名法及代表品牌。

表5-2　服装品牌命名法及代表品牌

命名方法	分类	代表品牌
以品牌名称的来源确定	以人物的名称命名	Armani、Gucci、Chanel、Prada、Louis Vuitton、Miu Miu、艺之卉、李宁、伟志
	以地理名称命名	鄂尔多斯、Osaka、天山、Colimbia（哥伦比亚）、The North Face（北面）
从品牌名称的构成要素确定	动植物命名法	动物：Puma、七匹狼、鳄鱼、安逸猿、鹿王、骆驼、太平鸟、猛犸象、叮当猫、袋鼠、始祖鸟、东北虎 植物：Mango、乐飞叶（Lafuma）、红豆、杉杉
	数字字母命名法	E&YOU、Take Two、Y-3、2%、Only、Next、Number Nine、G2000、Fly53、Ecco、十月妈咪
传达寓意法		金利来、劲霸男装（K-boxing）
新创词汇确定		Cover Male、izzue

（四）品牌命名的程序

专业化的品牌命名应遵循以下程序：调查、制订命名策略、收集备选方案、审查、测验分析、确定名称、申请注册。

1. 调查

在取名之前，应该先对目前的市场情况、未来国内市场及国际市场的发展趋势、企业的战略思路、产品的构成成分与功效、人们使用后的感觉以及竞争者的命名等情况进行调查。

2. 制订命名策略

前期调查工作结束后便要针对品牌的具体情况选择适合自己的命名策略。

3. 收集备选方案

根据品牌命名的原则，收集那些能够描述产品的单词或词组。应充分利用发散思维，发动公司所有的人或向社会公众征集，备选方案越多越好。

4. 审查

审查包括法律审查和语言审查。法律审查是指由法律顾问对所有名称从法律的角度进行审查，去掉不合法的名称，确认需要注册的名称是否已被别人注册。语言审查是指由语言专家对所有名称进行审核，去除有语言障碍或容易使人产生误解的名称。通过审查筛选出合适的品牌名称。

5. 测验分析

将审查出的名称，对目标人群进行测试。分析测试结果，选择出比较受欢迎的几个名称。如果通过测试分析显示消费者并不认同被测试的品牌名称，那么企业应考虑重新命名。

6. 确定名称

根据测试结果和企业定位策略选定最适合的品牌名称。

7. 申请注册

确定名称后，立即在工商银行注册，获得专利权。

二、服装品牌标识设计的基本原则

（一）品牌标识的定义

品牌标识，是指品牌中可以被认出、易于记忆但不能用言语称谓的部分，包括符号、图案或明显的色彩或字体，又称"品标"。品牌标识是一种"视觉语言"。它通过一定的图案、颜色来向消费者传输信息，以达到识别品牌、促进销售的目的。品牌标识自身能够创造品牌认知、品牌联想和消费者的品牌偏好，进而影响品牌体现的品质与顾客的品牌忠诚度。因此，在品牌标识设计中，我们不仅要考虑设计的美观性，还必须考虑营销因素和消费者的认知、情感心理。此外，通过品牌标识的统一性来传达企业精神与理念，能有效推广企业及产品的知名度和形象。

（二）品牌标志设计的基本原则

1. 简洁性

人们往往不会特意去记某些品牌的标识，只有那些简单的品牌标识在消费者脑海中留下印象。国民运动品牌李宁就是典型的简洁性标识。它遵循了标识设计的基本原则，从视觉上给人以整齐简洁便于记忆的印象，同时又极具视觉冲击力。首先李宁的品牌标示给人们的第一感觉就是五星红旗在飘扬，并且在色彩上用了中国红，近年最新改版的标识（Logo）较之前的版本稍作调整，在形状上形似一个"人"字，进一步地对品牌精神补充了人文主义的内涵，新的标识（Logo）显得更阳刚、更有力量感，更贴近运动品牌的本质，无处不在体现力量、激情、速度（图5-27）。

2. 独特性

品牌标识主要的功能之一就是用以区别于其他服装品牌。如果设计的标识与同其他企业雷同，那将会大大减弱品牌标识的识别功能。服装品牌标识设计的精髓就是要在顾客头脑里占据一定的位置，代表一种能与顾客产生共鸣的追求和价值取向，并与其他品牌标识产生差异。所以我们在设计时，既要与企业的形象、产品的特征联系起来，又要体现企业独特的风貌，具备强烈的视觉冲击力和传达力，能迅速被识别并与其他企业（特别是同类企业）相区分。检验品牌标识是否具有独特性的方法是认知测试法。即将被测品牌标识与竞争品牌标识放在一起，让消费者辨认。辨认花费的时间越短，说明标识的独特性越强。比如当下大热的时尚潮牌 Off-White 的时尚总监维吉尔·阿布洛（Virgil Abloh）提到过，他之所以为品牌创作出隔了三条街也能看到的斑马线标示，无非也就是为了适应一种范式转移，因为"现在的年轻人渴望被一眼识别出他们所穿的品牌"。Abloh 来自中产阶级家庭，他深谙并没有经历过真正的挣扎和反叛的千禧一代对于表达的诉求——他们不但要穿得酷，还要穿得贵，还要一眼看去就又酷又贵（图 5-28）。

图 5-27　国民运动品牌李宁的最新标识

图 5-28　Off-White 的经典单品

3. 造型性

由于人们文化素养不断提高和审美心理的需要，标识的表现形式越来越趋于精美，颜色也由以前的单色向过渡色转变，图案也越来越精细，具有艺术审美性。

造型性体现了企业标识的审美要求。标识造型要与品牌风格保持一致，在一定程度上体现企业及商品的档次和品位，进而影响企业在消费者心目中的形象和消费者对商品品质的信心。

4. 内涵性

内涵性是指品牌标识要能在一定程度上体现品牌的核心价值，如果只有漂亮的标识设计而没有文化的积淀，那么即便该商品标识设计得再美观，那一样只是个肤浅的图片，而不能传达出该商品的任何有效信息，不能在消费者的意识中占有一席之地。只有将该品牌标识的设计理念、企业文化、艺术文化等综合表现出来，才能称为成功的标识设计。如图 5-29 所示，范思哲（VERSACE）品牌的标识头像是从古希腊神话中吸取灵感，以"蛇发魔女 Medusa"作为精神象征，

图 5-29　范思哲品牌标识

意指他在创作时将想象力发挥到了极致。它精练客观物象的精神气质，简化其结构，强化其形象特征，从而具有单纯、鲜明的个性。除了准确传播信息的实用功能外，还具有艺术的吸引力和感染力，反映多元化服装的现代性。

5. 统一性

统一性体现在两方面。一是与视觉识别系统内部基本要素的统一性。企业标识作为视觉传达的核心要素，需要与企业视觉识别系统中的企业名称、企业象征图案等其他基本要素组合使用。这种组合规范体现了企业标识应用的系统化、规格化、标准化，强化了企业视觉形象传达的系统性。另一方面是品牌标识体现的风格、理念要与品牌理念、品牌风格、品牌价值相统一。标识的统一性给消费者以统一化、规范化的深刻印象，增添品牌信赖感，让消费者能对产品的品牌核心价值等有初步了解，吸引目标群体。

6. 延展性

延展性主要包括两方面。一是在时间上的延展性，即标识要有持久性，在整体上保持稳定性。企业标识代表企业的理念、经营的内容、产品的特质，是企业的象征。若标识不断变化，消费者需要不断花费时间去熟悉、记忆，并且对新标识也可能产生抵触心理，公众对于企业标识的认同就是对企业的认同。所以企业标识一经确定，在一定时期内决不允许任意更改，否则会引起企业形象识别上的混乱，削弱消费者的信心，给企业带来负面的影响。

另一方面企业标识是使用最广泛、出现频率最高的视觉传达要素。标识要有在空间上的延展性，即在不违背企业标识同一性原则的前提下，各种由标识延伸开来的变体设计适用于各种不同的传播媒体、大小场合、制作材料、加工技术，以达到理想的表现效果。如企业标识的反白形、线框形、线条形、放大缩小的视觉矫正。

7. 时代性

由于社会风尚、竞争格局、消费文化的变迁，企业要采纳新的角度、方式、风格来表现、深化、丰富自己的价值，以符合时代的要求，体现时代感，从而避免标识的老化、过时。为了使品牌传播更有效益，企业必须根据目标消费群体的心理需求变化，来调整自己的标识设计，达到与消费者心理变化的统一。

第四节 服装品牌个性与形象选择

随着社会文明的进步，一方面为人的个性发展提供了广阔的舞台和空间，另一方面当今人们的生活压力较大，很多人都在寻找一个突破口去突破自我，这样的心理在购买服装上也尤为突出。服装品牌通过展现出品牌个性在消费者心中的良好品牌形象，与消费者建立深层次的情感联系，使其自然产生信赖感和认同感，以形成固定的购买模式和服装偏好，最终形成对品牌忠诚的顾客群。塑造良好的品牌形象是品牌个性培养的目的，鲜明的品牌个性是塑造良好品牌形象的必要方法，二者相互依存。要与消费者建立情感联系，在众多品牌中脱颖而出，品牌个性、品牌形象的选择显得尤为重要。

一、服装品牌个性的构成元素

（一）服装品牌个性的定义

时尚社会事实上是一个结构体系，罗兰巴特曾经就时尚符号的特殊结构指出："时装是由两个方面所组成的。一方面是形式、材料和颜色，另一方面是社会情境、状况、地位、心态和性情。简单来说，一方面是服装，另一方面是世界。所以，时尚就是服装同它在其中被穿戴和被描述的那个社会相结合的产物。"品牌的个性精神就是服装与世界的结合体。

根据营销大师菲利普·科特勒的观点，品牌个性是指品牌属性、利益、价值、文化等因素对于使用者的特有亲和力。消费者总倾向于购买与自己个性接近的品牌，品牌个性的实质是消费者自身个性在产品上的客观反映。

在20世纪以前的漫长的时光里，血统和等级构建了一个坚不可摧的封闭世界，服装绝不为穿着者的任何私人特质服务，根本没有什么个体性之说，衣着不过是人所处的社会环境和社会规则的合集。在随后的岁月里，在技术的推动下，资本主义飞速发展，在世纪之交，新时代的思想特质、人们的交流与觉醒使消费者开始在着装上追求自我解读与张扬个性。

总而言之，品牌个性是极具社会性的产物，通过吸引拥有相同特质的人群或给人留下深刻的印象，赢得消费者的共鸣，与消费者建立情感联系，增强消费者的购买理由，提升品牌形象，是博得消费者青睐的法宝。

（二）服装品牌个性的特征

1. 具有稳定性

人的个性是随着时间的推移慢慢变化的。同理，服装品牌的个性也需要慢慢演变，不宜变化无常。否则易丧失原本已建立信赖关系的顾客，又要耗费资金去吸引新顾客。

2. 具有某种美学体系

服装品牌首先可以引起消费者注意的就是它的视觉形象，而美学体系就是足以支撑起一个品牌的形象。近几年在商业上非常成功的古驰（Gucci），它以恋物主义的姿态，沉迷于从古典文艺中不断挖宝，一直在进行多元文化的嫁接再造，在古驰2018秋冬系列作品中这一理念得到充分展示以及进一步升华。设计师米开里曾表示美学体系是一种全新的语言,一种看待美与性感的全新视角,并且希望可以在他的系列中体现出这种时代趋势:超越传统、类型和标签的自由气息(图5-30)。

3. 具有某种意识形态

在整个社会体系中所有的事物都是相互关联的,社会环境影响到意识形态,意识形态推动了商业,商业又改变着社会。由于社交媒体在当今社会被加强地放大了它的传播效应,个体自由和民主意识进一步潜入社会文化中,成为把控意识形态走向的先决条件,越来越多的人在潜移默化中被操控。比如,在品牌个性中强调倡导多元文明共生也已经是值得肯定的思维,肯定与支持边缘乃至小众文化也是社会文明进步的证明。图5-31为英国版《VOGUE》2018年5月刊封面。

图5-30 古驰2018秋冬系列

图5-31 英国版《VOGUE》2018年5月刊封面

4. 具有独创性

在强调个性化生活的今天,追求服装品牌的个性化实际是在追求一种个性化生活主张、生活态度,没有个性的品牌很难引起消费者共鸣,也就难以建立品牌的忠诚。而独创的品牌个性使服装品牌有别于其他品牌。在1995年,设计鬼才马丁·马吉拉(Martin Magiela)设计的著名的分趾靴灵感源于日本的分趾袜,是品牌的典范,至今仍在生产(图5-32)。

(三)服装品牌个性分类

服装在发展中,形成了很多约定俗成的或相对稳定的个性类型。

图5-32 1995年马丁·马吉拉(Martin Magiela)春夏秀场

1. 民俗类

服装设计常常借民间传统文化中汲取灵感，用民俗图案、纹样、面料等来表现服装整体风格，以此赋予品牌文化内涵。

2. 前卫类

即非主流的、反叛的，是将波谱艺术、幻觉艺术、未来派等作为灵感来源的一种怪异的服装个性。

3. 浪漫类

指甜美、柔纯、梦幻般的少女形象。追求纤细、华丽、透明、摇曳生姿的效果。采用淡雅的中间色调，细节上通常采用蕾丝。

4. 现代类

是指具有现代感的品牌个性。通常采用无彩色或冷色系的色彩，直线条的廓形。

5. 优雅类

优雅着力体现成熟女性的端庄、洗练，采用柔和、悬垂性良好的面料塑造高雅、优美的女性形象。

6. 经典类

指传统且保守的经典服装风格，用色一般是经典色如深绿色、酒红色、藏青色或海军蓝等，多是常规产品，如西服套装、风衣等。

7. 中性类

通过主张男性化倾向，反衬女性另类的妩媚。在细节上常采用明线、贴袋的手法，塑造严谨、干练的女性形象。

8. 活泼类

运用对比度高的色彩、简单的图案表现强烈的动感，透露着青春、动感、舒适、轻松的个性。

二、服装品牌形象的选择

（一）品牌形象的概念

从心理学角度来讲，形象是指客观事物在人们心里的一种反映。服装品牌想象是指品牌通过展现其属性、利益、价格、文化等特征后，在消费者心理形成对该品牌的整体认识、评价和态度。概括地说，品牌形象就是品牌在消费者心目中的整体映象。

（二）品牌形象的内容

品牌形象主要由三部分构成，即品牌的文化形象、品牌名誉和终端系统形象。

1. 品牌的文化形象

品牌的文化形象是指消费者对于品牌文化或企业文化的整体认知和评价。品牌文化是品牌属性、品牌价值和品牌利益的内在根源。企业凭借其经营理念、价值观、道德规范、行为准则等企业行为，创造企业文化，并影响忠诚顾客，产生超凡魅力。

2. 品牌名誉

品牌名誉即品牌的美誉度，是消费者对于一个品牌可信度的认知和评价。比较而言，知名度是让人被动地了解，而美誉度是令人愉悦、主动地接受。要想获得品牌美誉度，企业在产品质量、技术能力、售后服务、品牌理念、品牌文化等各方面都要有卓越的表现，同时注重品牌形象大使的培养，扩大品牌在消费者心中传递的频率、范围与速度，形成口碑，增强市场竞争力。

3. 品牌的终端形象

品牌的终端形象即消费者对品牌终端形象的整体认知和评价，是品牌形象的主要外在表现之一。品牌的终端形象包括产品形象、网络终端形象、卖场形象和服务形象。产品形象是指产品的价格、规格、质量规格及外观等在消费者心中形成的整体形象。

思考与练习

1. 如何对服装品牌市场进行细分？
2. 服装品牌命名有哪些基本原则和方法？
3. 什么是独立设计师品牌？它的特点是什么？
4. 如何对服装品牌进行市场定位，为何要进行定位？
5. 什么是品牌个性？品牌个性是如何产生的？

第六章
服装商品的组合策划

服装商品组合是指两种或两种以上的服装品类或品目组合成商品系列，组合不同服装的款式、面料、图案、设计要素、色彩基调、工艺手法、结合特点等，塑造一种既多变统一又和谐合理的品牌产品形象。服装商品组合较之单一服装更能展现服装商品的特性，能够最大程度地震撼、吸引消费者的五感神经（视、听、触、嗅、味），通过极具感官冲击力的视觉形象呈现，吸引消费者的注意力，从而达到促进销售的目的。

服装商品组合策划之前需要对相应的风格和产品线进行梳理，一方面为了明确不同供应商的生产特点，另一方面也为了明确不同企业的商品宽度与深度。

第一节 服装商品组合的基本概念

对于服装行业来说，国内品牌面临来自国外品牌的强大冲击，商品组合策划就显得尤为重要，一般我们也称之为"组货"。它是品牌形象宣传推广的首要元素，也是提升品牌销售的重要手段。为面对服装产业的转型升级，商品组合、品类规划、商品计划、品牌形象等都是服装品牌的关注焦点，主要目的就是将两种及以上的服装品类或品目组合成某一种风格，塑造为某一种统一协调的形象。

一、服装商品组合的内容

服装商品组合内容包含商品组合的深度、宽度、量度和关联度四个方面。现代消费者已不满足于接受挂在货架上的衣服，他们更加注重的是具有冲击力的视觉表现，并且消费者也需要多样化的服装组合。因此，从消费者及服装行业的发展角度来说，商品组合需要更多的逻辑性、多样性、差异性。图6-1是商品组合的考量要素。

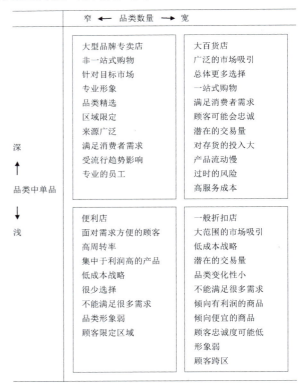

图6-1 商品组合的考量要素

（一）组合宽度

商品组合宽度也被称为组合广度，表现为服装企业经营的产品类别，即生产或销售有多少条不同类别的产品线。表6-1为服装商品组合的宽度与深度。

表6-1 服装商品组合的宽度与深度

序号	宽度	组合深度
1	衬衫系列	A1短袖：A11短袖翻领，A12短袖立领 A2短袖：A21短袖翻领，A22短袖立领
2	T恤系列	B1短袖：B11短袖翻领，B12短袖立领 B2短袖：B21短袖翻领，B22短袖立领
3	背心系列	C1套衫：C11套衫翻，C12套衫连帽，C13套衫无领 C2开襟：C21开襟翻领，C22开襟连帽，C23开襟翻领
4	毛衣系列	D1精纺：D11套衫，D12开襟 D2粗纺：D21套衫，D22开襟
5	夹克系列	E1厚款：E11翻领，E12连帽，E13关门领，E14无领 E2薄款：E21翻领，E22连帽，E23关门领，E24无领
6	配件系列	F1领带，F2鞋类，F3皮带，F4包类，F5围巾，F6手套，F7帽子，F8袜子

（二）组合深度

组合深度是指每一类别产品线上有多少个不同的产品项目，也就是我们常听说的款量，单款单色为一款。在一类产品线上，不同的面料、图案、款型、颜色组合成多种款式，其组合元素越多就代表产品组合深度较大。图6-2、图6-3分别为F品牌商品组合构成及比重。

总的来说，产品组合深度增加可提高消费者选购空间，但是不能任意增加。产品组合深度若是过深，过多细微细节上的变化，会让消费者产生款式雷同、视觉疲劳的直观印象。

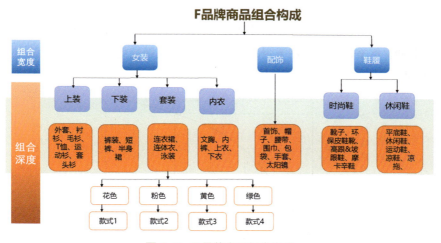

图6-2 F品牌商品组合构成

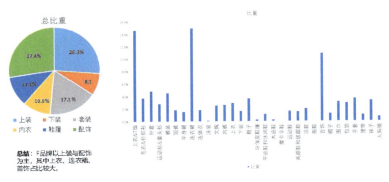

图 6-3 F 品牌商品比重

（三）组合量度

组合量度是指对每一品类下的每个款式进行尺码、价格、生产数量及上市计划这四个与销售密切相关的要素进行量度的组合。表 6-2 是服装商品组合 ABC 分类法。

表 6-2 服装商品组合 ABC 分类法

属性等级	占销售额的比例	商品性质
A 级商品	70%	主力商品、成熟商品、重点商品
B 级商品	25%	辅助商品、衰退期商品、成长期商品
C 级商品	5%	辅助商品、滞销品、淘汰品

注：A 级商品是重点管理对象，B 级商品是辅助商品，C 级商品是预备淘汰或更换的商品。

此方法的第一步是按序排列品牌商品的营业额并计算各商品营业额构成比；第二步是画 $X-Y$ 图，其中 X 轴和 Y 轴分别代表商品数量占比和销售额累积百分数构成；第三步是在纵坐标百分之 70～100 之间与 X 轴相连，由此将整个图形分为三个部分。由此方法可画出标准型、分散型和集中型三种形态。

如图 6-4 所示为标准型，是其中最理想的一个图形。从图中可以看到将近 1/3 的商品均贡献了 70% 的业绩。标准型的特点在于明确的商品管理，品牌能更好地对服装商品进行进货、管理、陈列或促销。

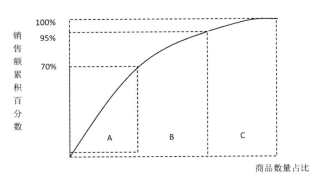

图 6-4 标准型 ABC 分析图

（四）组合关联度

商品组合的关联性是指企业品类组合中的各类在生产条件、最终用途、目标市场、销售方式以及其他方面相关联系的程度。总的来说：

产品组合的宽度代表产品大类（产品线）的数目；

产品组合的长度代表产品项目的数量；

产品组合的深度代表产品线中产品项目的数目；

产品组合的关联度表示企业各产品线在最终用途、生产条件、分销渠道等方面的密切相关程度。

商品组合宽度与深度结合有四种形式：加宽加深、加宽减深、减宽加深、减宽减深，分别适合不同的商业时机。服装商品组合的加宽加深适合于大型购物中心，减宽减深适合于精品店，减宽加深适合于单一品类专卖店，加宽减深适合于跨时尚品牌。

二、服装商品组合的品类管理

（一）品类

1. 品类的界定

品类是满足消费者在某一场合穿着的可以相互联系或替代的产品。如果将品类定义为一组独特的、易于管理的产品或服务，在满足客户需求方面，被客户认为相互联系的或可取代的，在服务里服装领域，品类是进行服装细分化时的重要区分单元。

2. 品类组合

品类组合，指一个特定销售者授予购买者的一组产品，它包括所有产品线和产品项目。品类组合包括以下两个概念。

（1）产品线。同一产品种类中密切相关的产品，以类似方式起作用，或出售给相同的顾客群，或通过同类型的销售网点出售，或在一定的幅度内做价格变动，称为同一产品线产品。

（2）产品项目。一个品牌或产品线内的明确单位，会根据尺寸、价格、外形或其他属性加以区分。服装的品类组合，包括品类的数量组合、款式组合设计、色彩组合、规格组合、面料组合、图案组合、价格组合。企业应根据不同品牌定位、设计风格、文化内涵等、进行品类的组合分类。

以某商务休闲男装品牌为例，品类组合及风格将正装功能和休闲风格和谐地融于一体，大方细腻而有亲切感，注重设计细节，且有流行元素，并保持端正和严谨的品类构成。服装品类产品项目及品类名称见表6-3。

表 6-3 服装品类产品项目及品类名称

序号	一级品类	二级品类	序号	一级品类	二级品类
1	衬衫类	长袖衬衫短袖衬衫	7	皮装类	真皮服装仿皮服装
2	T恤类	长袖体恤，短款长袖T恤	8	棉衣类	长棉衣，短棉衣
3	背心类	针织背心，梭织背心	9	大衣类	长大衣短大衣
4	毛衣类	金宝毛衣，粗纺毛衣	10	风衣类	长风衣短风衣
5	夹克类	厚夹克薄夹克	11	裤装类	薄裤子厚裤子
6	西服类	厚西装厚西装	12	配件类	皮带领带等

（二）我国服装品类组合的发展

服装的品类组合，随着卖场的发展而演变。根据卖场的发展，我国服装品类组合的发展分为四个阶段，见表6-4。

表 6-4 我国服装品类组合的发展

时间	20世纪80年代	20世纪90年代初		20世纪90年代后	21世纪
卖场演变	回式结构	门式结构	井式结构	同式结构	闰式结构
品类组合发展	孕育期	形成期		发展期	兴盛期

1. 第一阶段：品牌组合孕育期

20世纪80年代以前，我国服装零售市场的基本形式是以封闭式货柜为主的回式结构，零售卖场面积较小，品牌风格不鲜明，基本没有涉及品类的系列组合。

2. 第二阶段：品类组合形成期

20世纪80年代末和90年代初，卖场改造为用龙门架加陈列柜的形式，卖场作为推销服装的基本手段，消费者可以自由地选择喜爱的服装商品，简单的品类组合形成并开始流行，其重点在于色彩的搭配与组合。

3. 第三阶段：品类组合发展期

20世纪90年代中后期，我国的服装市场出现了专营店和服装专卖店，服装的品类组合也得到了初步的发展。营销者在新款上市时，将相关的服装品类进行简单组合，为了吸引消费者，将上衣、裤子、鞋子、帽子等搭配销售。

4. 第四阶段：品类组合兴盛期

2000年是我国服装零售卖场重要转型期，大型卖场也相继出现。品牌卖场取代了20世纪以来的品类组合，受到了越来越多服装企业的重视，卖场通常是能够最大限度地吸引消费者的品类组合。

三、服装商品组合的原则

（一）体现产品设计构思

服装商品是由企业设计师、开发人员共同创造出来，每一季的产品都会有自身独特的设计理念，可能来源于文化活动、国家政策、艺术风格、未来趋势等。每季商品都会有主推主题及主打产品，那么在商品组合陈列时必须确定主推产品。图 6-5 就是某品牌 2018 年春夏产品主推系列，其时装主要卖点是桑蚕丝的材质与现今流行的睡衣式款式造型相结合，因此就是推向市场的商品组合卖点。

（二）满足市场消费者的多元化需求

服装商品企划的作用是在恰当的时机推出恰当的产品。对于服装品牌公司来说，满足自身品牌的市场需求尤为重要，特别是众多品牌包含着大量的自营店铺和直营店铺。

快时尚品牌 URBAN REVIVO（简称 UR）就是其中一个代表，该品牌目前是国内规模最大的快时尚集团之一，以"感官享悦，玩味时尚"为原则，打造轻奢快时尚，根据品牌竞争趋势、流行发展趋势及消费者特征及时调整自身产品设计方向及商品组合计划，能够满足不同领域消费者的多样化需求。UR 是都市快节奏、多元化、感官冲击的缩影，彰显了都市人对体验性、个性化、自我发现的时尚态度和追求。图 6-6 是该品牌店铺陈列，图 6-7 为 UR 商品品类管理计划。

（三）维护品牌整体形象

无论是商品组合的构成还是终端零售店铺的陈列都应该以传达、维护品牌形象为目标。服装商品组合依托于服装品牌而

图 6-5 某品牌 2018 年春夏产品主推系列

图 6-6 URBAN REVIVO 品牌店铺陈列

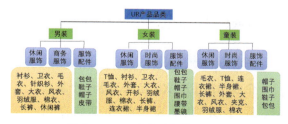

图 6-7 UR 商品品类管理计划

存在，在进行商品组合的同时需要注意契合品牌价值，体现品牌核心理念，全面地向消费者传达品牌形象。XII BASKET 十二篮女装是影儿集团旗下的第六个品牌，以轻松便捷为起点，清新柔和的色彩为基调，将艺术和自由气质叠加在行走的美学当中。所以其实体店铺中的商品组合、服装陈列都保持清新、自由、朴实、地道的品牌风格，有利于增加消费者对该品牌的稳定印象，为提升及稳固品牌忠诚度奠定基础（图6-8）。

图6-8　XII BASKET 零售店铺

（四）便于终端卖场的陈列展示

服装商品设计、生产后投入零售市场，在此过程中通过商品组合后售卖于零售店铺，因此，服装商品组合必须要考虑到在终端店铺陈列的可行性和便利性。如较多服装品牌开发主题性、概念性的服装成衣，保持着某一种流行色调、某一类结构工艺、某一些特定的面料再造等，这些元素应保证商品陈列的可施展性及主题概念的营造效果。

（五）合理计划服装商品上市波段

除去快时尚品牌，国内的大部分服装品牌很难能够达到HM、ZARA的上货速度，较多品牌依然维持订货会模式，通过季度波段式上新。服装商品企划阶段需要计划好服装商品的上新波段、内容、系列、品类、款式的数量及组合关系。

第二节　服装商品组合策略

对服装商品而言，它的组合策略涉及款式、价格、色彩、波段等方面内容。

一、款式廓形组合

企业通常用单款单色来表示一个款式，产品的编码由年份号、季度号、产品大类号、款型号、颜色号来构成。服装款式是服装的外在形态特征，款式组合就是将不同品类下不同廓形、材料、图案、颜色及细部结构设计的服装款式按照形态特征进行组合，形成各种不同的风格类型，如森女风貌、都市风貌、休闲风貌、熟女风貌等。

服装商品组合时，要在每年流行的廓形和本品牌稳定的廓形风格之间找寻平衡，既能体现流行特点又不失品牌的风格特征。廓形组合时应遵循服装设计的形式美法则，既能展现组合的魅力，又能彰显单件服装的美感。

图6-9是某新中式服装品牌新品设计方案。该品牌具有中式风格，将中式元素和现代廓形相结合，所以在设计过程中，既要挖掘中国传统文化特征（色彩、图案），又要和现代款式廓形相结合；既符合品牌产品风格，又具有一定的流行时尚气息。

图6-9 某新中式服装品牌新品设计方案

二、价格组合

产品价格决定了品牌的基本调性，价格与产品品质之间具有一定关联性，价格也是衡量生产与消费的风向标。服装价格是服装市场营销组合的重要变量，该平台的市场占有量与价格定位有相关关系。服装商品价格组合指企业根据自身品牌定位及目标消费者的需求对服装商品价格进行相应的组合。企业类型不同、规模不同、产品类别不同，商品价格组合的复杂性也有所不同。价格组合包含以下内容。

（一）设定价格带及价格档

企业需要根据自身服装品牌定位及目标消费者定位进行价格设定，即确定服装商品销售价格目标。服装商品品类众多，如何进行定价呢？定价方法分为成本定价法、竞争对手定价法、市场环境定价法。一般服装企业采用三者相结合的综合定价法。

首先，服装企业可以设定品牌产品的价格带，价格带包含最低价格至最高价格，它会随着季节的变化而变化。服装价格带的设置与服装品牌中高端档次有关，价格带能够被消费者所接受是服装企业设定的主要参考因素。

在明确价格带的基础上，需要确定商品的价格档，即各类商品从最低价格到最高价格设定的几个档次，具体是什么样的价格。举例来说，海澜之家品牌的男士POLO衫价格带是78～258元，价格档是78元、98元、128元、158元、258元；短袖衬衫价格带是98～338元，价格档是98元、138元、158元、168元、258元、278元、298元、338元。表6-5是某品牌产品的价格带及价格档。

表 6-5 某品牌产品的价格带及价格档

A 品牌品类价格带规划										
中类	小类	价格/元	SKU 数	均价/元	中类	小类	价格/元	SKU 数	均价/元
T 恤	长袖 T 恤	569	3	397	裤子	直筒裤	989	2	557
		399	4				729	3	
		379	1				469	4	
		269	4				219	2	
	短袖 T 恤	269	6	236			199	1	
		169	3			铅笔裤	729	2	514
衬衫	长袖衬衫	639	2	432			469	3	
		479	2				219	2	
		339	3			阔腿裤	989	1	419
		199	1				469	5	
	短袖衬衫	479	1	339			219	2	
		339	1			喇叭裤	989	1	656
		199	1				729	4	
小衫	背心	369	2	334			469	1	
		299	2				219	1	
	吊带	169	2	169	裙子	半身裙	249	1	539
卫衣	连帽卫衣	729	4	554			419	2	
		569	5				469	1	
		399	5				689	1	
	套头卫衣	729	2	520		连衣裙	989	1	734
		569	4				1379	2	
		399	3				989	3	
		269	1				689	7	
薄外套	牛仔外套	1469	2	885			419	4	
		989	4				249	1	
		569	5		厚外套	大衣	3479	1	2386
	夹克	1989	1	1007			2899	2	
		989	6				2359	1	
		569	2				1689	3	
	风衣	1980	1	1163					
		1469	6						
		989	5						
		569	3						

（二）确定价格比例构成

确定价格带及价格档之后，接下来要确定各大类服装商品各价格档的生产数量比例构成。价格带最低端的价格通常为基本热销款，价格带最高的价格一般是品牌形象款。销售主力部分应该是价格档的中端部分，服装品牌需要根据各大类商品的款量进行合适的价格档设定，价格档不宜设置过多，一般为 6～10 个档。表 6-6 和表 6-7 分别为某品牌价格带及主推价格及 T 恤各价格档的构成比例。

表 6-6　某品牌价格带及主推价格

品类	价格带 / 元	主推价格 / 元
T 恤	199～799	299～499
卫衣	299～999	399～899
衬衫	280～999	280～799
风衣	699～1690	699～1290
外套	899～1790	899～1490
裤子	199～1190	499～699
包	399～799	399～699
帽子	299～499	299～499
鞋子	320～999	320～939
袜子	39～79	39～79

表 6-7　某品牌 T 恤各价格档的构成比例

价格档 / 元	199	299	399	499	599	699	799	总计
比例	6%	25%	35%	20%	6%	5%	3%	100%

首先，表 6-8 对该 T 恤价格档分为 199 元、299 元、399 元、499 元、599 元、699 元、799 元，其主推价格为 299～499 元，599～799 元为高端价格档。这三档占据销售规划的 80%，服装企业确定价格数量主要由消费者调查及历年销售数据所决定。

（三）促销价格

促销价格是调动消费者购买积极性的一大法宝，可以短时期内快速提升商品销售额。不同消费人群具有不同的消费心理，因此折扣也不尽相同。近年来，为了保障消费者公平权益，部分品牌推行不打折口号。但大部分的服装品牌会在三八节、国庆节、圣诞节、春节等重要节日进行折扣处理。服装品牌需要调查研究目标消费者的折扣消费心理，从而进行合理的价格折扣组合。近些年，波司登品牌的零售专卖店推出"新品不参与折扣"活动，保证了消费公平性，未来会有越来越多的企业加入此行列。

三、色系组合

色彩是消费者对服装的第一印象，色彩组合是将不同视觉感受的色彩通过和谐、统一、概念式的手法组合到一起，对消费者形成不一样的视觉冲击，促进商品销售。色彩在服饰中的组合方式有以下几种层次。

第一层次，商品系列主题色彩组合，即确定个主题系列商品的主题色、基调色和点缀色。如图 6-10 为某品牌 2018 年春夏产品色彩系列，其主题色为明亮黄与暗粉红，基调色为灰色、深红色、深蓝色等。

由图 6-11 可知，该品牌 2018 年秋冬色彩较之春夏色彩来说更加浑厚一些，主体色以姜黄色为主，以灰红色、沙石灰、烟灰绿为基色调，以红色为点缀色。

图 6-10　某品牌 2018 年春夏产品色彩——极乐园系列　　　　图 6-11　某品牌 2018 年秋冬产品色彩——无常系列

第二层次，服装款式色彩搭配组合。它不但包括上下装、内外装的色彩组合，还包括许多细节方面的呼应，如印花图案间的拼色组合、面里子间的色彩对比、款式部位的色彩呼应、服装边缘线及明线色彩变化等。图 6-12 是苏州某刺绣工作室设计的服装新品设计，在设计过程中较为注重服装整体色彩与门襟色彩的色系呼应，同时对花型色彩与主题色彩的对应关系也较为注重。

第三层次，服装各色彩款式构成比例组合，可以根据上一期产品的销售情况分析不同款式不同色彩的销售情况，结合流行色预测，确定当季色彩款式的构成比例。

图 6-12　苏州某刺绣工作室服装新品设计

四、上市波段组合

服装商品上市时间组合指的是服装品牌在商品组合时，计划好整个季度各个波段的系列、品类、款式的数量和组合关系，以便在不同的时间段上市。一般包括上市时间组合和各波段品类款式组合。

（一）品类上市时间组合

品类上市时间组合即服装各大类商品上市时间计划和组合。一般情况都是依据各大类服装商品的季节考虑上市时间。每个服装企业都会有自己成熟的品类上货时间表，依据此表计划季度产品上市计划，品牌间会互相参考彼此上市时间以达到竞争获利。服装品类上市时间组合对工厂生产、交货具有指导意义。

（二）各销售波段品类款式上市组合

在确定服装各大类商品上市时间之后，需要在每个销售季度根据季节气候和款式数量进行波段划分。设计和投产的数量越多，可划分的波段就相应增加。春夏季服装一般分为早春、初夏、盛夏三个子季节，根据地域特色及气候原因，又可将三个子季节划分为以下波段：早春1波段、早春2波段、早春3波段、初夏1波段、初夏2波段、初夏3波段、盛夏1波段、盛夏2波段、盛夏3波段。各个品类均推出产品进入销售波段，争取以最快速度更新。服装品类与款式上新比例并非一成不变，不同的品牌因为优势产品、地域因素、节日因素等都会适当调整上货波段。

一般来说，年轻、时尚、产品季节性较强的品牌可以按照高频率的上货波段来操作，如运动服装品牌，产品生命周期有两三个月，以一年6～8个波段安排不同新产品上市销售是比较合适的。而受季节性影响不大、时尚度较低的经典服装品牌，一个服装款式能够售卖3～5个月，维持一年4次的上货波段是比较合适的，过于频繁的上货波段反而会让品牌产生廉价感，如奢侈品集团产品一般上市波段时间距离较长。对于快时尚服装来说，上货波段就较为频繁，它们始终需要为消费者保持新鲜感，快时尚品牌一年会有12～20次新品上货阶段，现如今更有国内品牌打破传统上货波段，采用周上货制度。

一般品牌通常是比实际季节变更的时间点早1个月左右上市新品，如一个8次上货频率的时尚品牌，其春夏季新品上货时间应该是1月初的早春、2月中旬的仲春、4月初的春末夏初和5月中旬的仲夏，随着气温的高低来安排新品循序渐进的上货速度。不过南北双方存在季节温度上的差异性，因此上货波段会有一定调整。

总的来说，服装商品上货波段并非一定，它可以取决于品牌定位、产品特点、产品销售生命周期等，最重要的是由消费者对顾客的需求频率所决定。

第三节　服装商品组合的必要性及意义

一、服装商品组合的必要性

我国服装产业自20世纪八九十年代发展以来，进出口总额数量庞大，品牌市场风云变幻，面对服装贸易压力以及整个服装产业的升级转型来说，品牌的发展根本就是服装产品本身。对我

国服装业来说，我们已经从以生产商为主过渡到以消费者为导向的新时代。商品组合作为商品企划中的理性环节，它根据顾客的需求将设计概念具体化、清晰化，成为品牌竞争的重要环节。

（一）打造概念性视觉形象，迎合消费者购买心理

商品组合的最终目的是为了促进销售，一般通过塑造品牌整体形象、营造独特视觉形象来实现。一般情况下，我们以 AIDA 模型研究消费者心理，即 Attention（引起注意）、Interest（产生兴趣）、Desire（产生欲望）、Action（购物行为），这是消费者心理学中常用用于研究及描述消费者购买过程的心理活动的模型。服装商品企划正是从 AIDA 模型出发研究消费者心理。首先，通过强有力的商品组合视觉形象使消费者集中到品牌所想表达的每一个细节上；其次，商品组合并非简单搭配与组合，它是通数据调查、消费者分析、竞品分析后得出的有机组合结论；再次，商品组合并非只有一个单一卖点，它可以依据流行趋势如报纸杂志、自媒体宣传趋势、影视流行的变化而调整，能够多方面激发顾客购买欲望；最后，使购买欲望转化为购买行动，商品组合在此过程中还可以促进连带销售，提升成交率。图 6-13 为 AIDA 消费者心理研究模型图。

图 6-13　AIDA 消费者心理研究模型图

（二）满足消费者的多元需求

随着购物载体、消费者购物心理的转变，我们迎来了数字化购物时代，服装的消费也呈现着个性化、多元化的需求特点，越来越多的消费者开始注重服装的个性化、品质感、魅力值。服装产品同时生产投入零售市场，那么如何在众多服装当中满足消费者的独特要求呢？服装商品组合就显得尤为重要，它在服装的款式、面料、色彩、价格等方面塑造差异性，满足消费者的多元化需求。商品组合是服装设计、生产出场后焕发光芒的又一道工序。同一个品牌店铺，在不同区域内开设其商品组合方案可以存在不同差异性，如一线城市、二线城市、三线城市。一线城市消费者相比较来说较为时髦，对流行的接受度较高，能够进行创新的商品组合及搭配；二线城市相较于一线城市而言缺少国际化要素，相对来说商品组合方面略有创新及变动，以满足大部分消费者需求为目标；三、四线城市因为思想相对来说较为稳定，虽然对流行信息的掌握是与一线城市保持一致性，但在实施过程中一般较为保守，因此在商品的组合搭配方面需要定位于当地居民的生活习惯及消费模式。

（三）商品组合的优势驱动

服装品牌由较多品类构成，每个品类的作用各不相同、各有分工，在消费多元化时代，仅依靠一块拳头（核心）产品很难在现有零售市场取胜。商品组合中的每一品类都扮演着自己的作用，某些产品的商业贡献率较大，但一定也会存在一些商业贡献率较低但是具有必要性的辅助性

或引导性单品。商品组合的优势仍然是较为明显，它也驱使着越来越多的服装企业进行商品的组合与规划，具体作用有：（1）提升品牌形象；（2）增加品牌溢价能力及升值空间；（3）扩大经营范围，市场形势转变时可及时调整生产内容；（4）顺应消费者多元化要求，有利于市场细分；（5）减少库存，提升销售业绩。

服装商品组合并非每个品类都能盈利，它还取决于很多不固定及突发性因素，商品组合追求的是连带提升作用，实质在于实现产品的增值。

二、服装商品组合的意义

在个性化消费时代背景下，服装品牌竞争加剧、产品同质化问题日渐严重，我们应从商品本身及零售终端的产品输出方面寻找问题及对策。对服装行业来说，商品组合既非多品种、多元化搭配的概念，也不是商品本身的简单组合，它是将某一概念进行组合，表达着某种强烈的商业目的。商品组合在现代服装市场发挥着越来越重要的作用，它通过把服装商品根据市场的需求借助陈列方式进行重新组合，形成个性化的视觉形象和特定的视觉传达效果，吸引消费者的注意力，在最短时间内向顾客传递最有价值的服装信息。商品组合能够加深顾客对服装及品牌的理解，得到消费者的认同，从而促进服装销售，概念化、主题化的商品组合为顾客提供较为舒适、和谐、有特色的购物环境。

第四节　服装商品组合的实施流程

服装商品组合在服装商品企划中扮演着承上启下的作用，基于顾客的需求将设计概念具体化、清晰化，将服装商品层次化、有序化、组合化，成为品牌竞争的重要环节。服装商品组合主要是由商品企划部门和设计部门共同完成的，它建立在严谨的市场销售数据及消费者反馈基础上，包含流行信息、行业竞争品牌的产品结构以及消费者具体销售数据等，再综合考虑商品组合要素，从而进行科学合理的商品组合企划。接下来介绍提案型的企业基本的商品组合流程。

1. 针对上季度销售情况进行数据分析，搜集流行信息

服装商品组合企划是由商品企划部门和设计部门共同完成，他们各司其职，通过系列会议的交流、研讨，总结商品组合企划的内容与细节。

商品企划部门负责收集市场及竞争对手的资讯，包含对上一季的产品销售数据进行分析、市场反馈进行调研。具体包括品类款数量、销售占比及排名分析；各品类组要素的销售排名分析；市场反馈调研与分析，了解消费者的年龄、职业、收入以及日常出入场所。收集数据信息一般都是基于市场数据及调研内容展开，尤其是调研环节，商品企划部门可设置相应的调研问卷，利用品牌会员收集上一季度货品反馈信息或建议对策。

设计部门搜集流行信息、市场信息，具体分为长程资讯、短程资讯。长程资讯指的是预测性信息，包含色彩、面料、廓形和配饰设计。

商品企划部门更加注重的是逻辑思维及数据分析思维；设计部门更注重的是对流行的理解把握能力。图6-14为某品牌2017~2018年春各风格线销售走势分析。

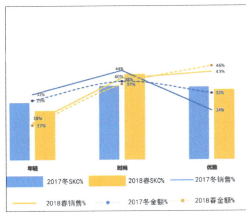

图6-14 某品牌2017~2018年春各风格线销售走势分析

2. 各类资讯整合阶段

商品企划部门及设计部门在双方掌握资源的基础上进行会议交流，根据品牌定位归纳出适合品牌运用的各类资讯。商品企划部门可通过设计部门的研究报告了解最新流行讯息，设计部门可以根据商品销售数据来规划价格带。样衣采购在此过程中扮演重要作用，设计部门此时还需提交采购计划与样品运用分析。

3. 提炼产品构成要素

商品企划部门提炼新一季的产品构成建议。主要包括新季度产品款式、颜色、面料、配件方面的设计开发建议；商品品类配比、款量、尺码、价格、上市时间、组合构成等。

设计部门提炼出新一季的色彩和素材系列，拟订新季度的完整形象。主要包括：主题系列、色彩和素材；销售波段划分，主题系列分布；各销售波段主题及效果。

4. 预测提案

商品企划部门和设计部门分别在产品构成建议和新季度产品开发形象基础上进行二次交流会，商品企划部门就系列设计款式组合规划进行预测提案建议。

5. 确定款式与细节组合

设计部门根据商品企划部的商品组合预测提案进行系列设计款式组合和细节实施，主要包括商品构成组合、品类组合、款式组合、色彩组合、配件组合等，确定需要制作样衣的商品组合。

6. 确定商品及价格组合

在设计部门的指导和生产部门的跟踪下，完成样衣制作，召集各部门领导包含生产部门、设计部门、企划部门、财务部门、销售部门、代理商代表等对样衣进行评审及修改建议，确定参加商品订货会的商品组合。同时，需要确定商品的价格组合，确定商品大类价格档以及各款类的价格设定。

7. 制订订货计划表

商品企划部门给予新季度公司的订货指标和每一代理商、自营店的同期上一季的销售数据分析，制订各代理商、自营店订货建议表。内容包含：同期上一季货品的实际销售分析，新季度订货总数量与总额度、各品类款量、各品类商品价格构成比例、各品类商品尺码构成比例等。

8. 产品订货会

公司召开订货会，订货会期间绝大部分员工参与，由商品企划部门和设计部门主要负责。订货现场下发各代理商订货表，由代理商的订货意愿把握市场需求，以便及时反馈有利于下一波段或下一季产品设计。

9. 确定生产款式、数量和规格尺寸组合，确定商品上市组合

根据代理商或直营店订货数据确定各生产款式、数量及规格尺寸组合。根据销售波段，对最终确定的主题系列款式进行划分，制订波段上市计划。后续产品按照波段上市系列进行新品推出、销售，确保产品形象的完整性及产品存量。图6-15为服装商品企划流程。

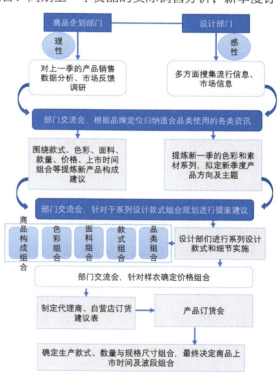

图6-15 服装商品企划流程

思考与练习

1. 服装商品组合的原则是什么？
2. 服装商品组合的主要要点是什么？选择某一服装品牌，对其商品组合计划及逆行分析。
3. 服装商品的宽度与深度由什么决定？它所代表的意义是什么？
4. 服装商品的上货波段如何制订？
5. 我国服装商品组合经历了哪几个发展阶段，分别有什么样的特征？

第七章
服装商品的营销策略

本章从营销渠道的选择、视觉营销的渠道、常见的服装产品宣传手段以及零售促销战略的制订与实施来分析服装商品的营销策略。作为一个品牌要是想在市场上立足，不仅需要把产品做好，更重要的是如何建立起一套自己的营销体系以提高销售量，这就需要面临很多的选择与判断，这也是本章要探讨的问题。

第一节 营销渠道的选择

在服装商品企划中，除了将产品的内容做好之外，若想要产品真正落地于市场之中，还需要有好的渠道进行销售拓展，当然，不同类型的品牌和产品需要有不同且相互适应的渠道去选择。时尚产业的发展瞬息万变，只有实施正确的营销战略，才能使品牌立于不败之地。

一、百货商店（Department Store）

百货商店是一个大型的零售体，提供各种门类的商品，为消费者提供一个品类丰富的购物场所。百货商店的最大特点就是以商品品种的深度和广度以及商店的设施、陈列、广告宣传来吸引顾客。百货商店里的服装类别基本涵盖全面，彼此相关联的商品被划归到同一部门，以便于统一采购、促销、服务和控制。百货商店是服装零售的最主要业态之一，如美国商业部在对百货商店的规定中就包括："服装和纺织品的销售量应在20%或以上"。

百货商店的产品策略和采购模式：通常，在一个规模非常大的百货商店，各部门还要进行细分，每个采购员只负责为某一个小部门采购货品，并对其经营利润负责。比如说，在休闲装部，由一个采购员采购衬衫，一个采购员采购裤子，一个采购员采购裙子等。大多数百货商店都有一个总店，并且有很多分店。采购员可以同时为总店和分店进行采购，如果分店离总店的位置太远，则可由分店的采购员自己负责采购。

我国本土最早的百货商店分别是先施公司（Sincere）、永安公司（Wing On）、新新公司（Sun Sun）及大新公司（The Sun），被称作四大百货商店。先施内部宏伟的装修，高大的顶层设计，整齐划一的陈列，丰富的商品，油头光面的男性服务生，无不令人感觉"高档华贵"，是后期开业的其他三大公司的楷模。当时的四大百货商店的业态，几乎可以和现在的购物中心相媲美，品类包罗万象，不仅如此，还开辟了屋顶花园、游乐园、餐厅、舞厅、电影院、浴池、住宿、溜冰场和儿童世界。不少人认为21世纪初通过外资引进的购物中心开启了今日综合生活商业中心的模式,其实近百年前的先施和永安,才是这类模式真正的开辟者,唯一的不同是百货是专柜形式,而商场都是店中店形式。

二、连锁专卖店（Chain Store）

严格地说,连锁专卖店不是一种零售经营形态,而是一种零售组织形式。它是由一系列(两个或两个以上)的商店组成,同受一个中心管理和控制,统筹进货,在店堂、经营品种和服务方式等方面都基本相同。连锁组织的优点主要来自大批量采购,因为每次采购的商品数量大,零售商因此可降低成本。连锁专卖店作为一种先进的经营方式,其本质是把现代大工业生产的原理应用于零售业,实现了商业活动的标准化、专业化和统一化,从而达到了提高规模效益的目的。

服装连锁店是指在若干地区、以复制的方式建立的、经营模式相同的若干服装零售店。服装连锁店有以下三种基本的形式。

一是直营连锁店。指所有的连锁店由品牌经营者独资经营,如西班牙快时尚品牌飒拉(ZARA),(图7-1)都是直营,代理商无法介入,这相对来说有利于品牌形象管理。由于该类型连锁店一体化程度较高,特别是零售网络构建需要巨大的资金投入,这种形式在我国服装零售市场中应用较少。

图7-1　ZARA品牌门店形象

二是特许经营连锁店。指品牌所有者以特许的方式,吸引许多加盟者建立服装零售店。由于特许经营将品牌经营与商品零售分开,品牌经营者的投入相对较少,而大量的加盟商能快速建立起较宽的零售网,这种形式在我国服装零售市场中被广泛地应用。在本土品牌中比较典型的有海澜之家、以纯等。

特许经营有两种类型的组织形式：一种是支付加盟费,以取得经营权的特许经营；另一种是不需要支付加盟费的特许经营方式。然而对这两种方式的管理控制方面,都要求特定数量的投入资本,才可能被特许经营者所接受,而且都要签订严格限制。

三、一站式购物中心（Shopping Mall）

一站式购物中心是由传统的百货商店发展而成的,是一种综合性零售模式,它拥有又深又广的商品线,是零售业的主流。一站式购物中心与其他类型零售商店相比,它经营的商品种类较多,包括服装、家具、家庭装饰品、电器、办公用品、家庭用具等。就服装而言,有男装、女装、童装、休闲装、职业装、运动装、内衣、针织品、皮革类服装等。一站式购物中心提供多种可供选择的同质量和价位的商品,分布在同一商场的不同区域。典型的一站式购物中心如万达广场。

值得一提的是，坐落于法国巴黎的 LE BOM MARCHE 商场（图 7-2）是世界上第一家百货公司，开业于 1885 年，也是如今我们所说的这种一站式购物中心的前身，就现在看来，现在商场运营中一站式的理念也正是来源于此。

四、买手集成店（Buyer Integrated Store）

图 7-2　LE BOM MARCHE 商场至今仍在营业

多品牌的集合店在欧美已有数十年历史，并且是欧美服装市场的主流零售渠道。这种品牌集合店，也可以称为"多品牌店"或者"买手店"。英文里也有几种不同叫法，Special Store、Boutique Store、Mutli-brands Store。这类店铺通常以设计师品牌的时装，或者国际知名服饰类品牌为主。我们众所周知的国际品牌，在欧美市场，除了开设有为数不多的专卖店外，大部分都会进入这类品牌集合店销售。在欧美这类比较知名的品牌集合店有 Browns 与 Bamey's 等。就我国内而言，目前在买手店里不得不提的就是"长作栋梁"（图 7-3），该买手店一直为本土独立设计师的发展而孕育土壤。

图 7-3　长作栋梁门店

值得一提的是，"栋梁"的CEO彭耀东（Justin Peng）曾经表达过：做一家买手店好比就是在做一本杂志，再小众总是会有人阅读。在如今信息技术盛行的当下，信息已完全透明、渠道已完全开放，买手店最初兴起的初衷也许已经发生了转变，但是买手店创建的理念永远是在倡导能留存于消费者心中的时装文化，以及去建立一个大众与设计师之间的桥梁，并且要求在商业模式上有所创新，提升客户的体验度与黏度。例如，长作栋梁与上海时装周合作打造的先锋时装艺术的项目平台——LABELHOOD（图7-4），以更加精进的创新运作模式，不断挖掘和推广青年设计师及新概念时装理念，同时为国际时装业界孕育先锋时装力量和新鲜血液。无论任何一种商业模式，在采购及销售时所涉及的数学概念、销售预算及采购预算等方面都是一样的。

五、网店（Online Store）

如今，以淘宝购物网站为主流的电商已经全面深入大众日常生活，正在以绝对的话语权书写着我们的生活状态。网红经济、时尚博主、电商，这些字眼在这个时代正在以前所未有的姿态紧密地交织在一起，这些话题一直是近年来的行业热点。究竟品牌商、时尚博主和用户三方能有多大收获，行业正在积极探索中。中国时尚博主及KOL（关键意见领袖）经济的快速兴起近期引起外媒的密切关注。FT中文网指出，在中国KOL营销正在逐渐取代电视和纸媒广告等传统营销方式，随着越来越多博主加入自建电商行列，博主电商作为其中一种新形式也开始获得更多深入实际的操作体验。网络店铺以淘宝、微信、微博、抖音、快手等媒介为载体，多渠道、多角度向消费者传达商品信息。

六、快闪店

快闪店是一种不在同一地久留，俗称Pop-up Shop或Temporary Store的品牌游击店（Guerrilla Store），指在商业发达的地区设置临时性的铺位，供零售商在比较短的时间（若干星期）内推销其品牌，抓住一些季节性的消费者。在英语中有"突然弹出"之意，之所以这种业态被冠以此名，很大程度是因为这种业态的经营方式，往往是事先不做任何大型宣传，店铺突然涌现在街头某处，快速吸引消费者，经营短暂时间，旋即又消失不见。在海外零售行业，尤其在时尚界早已不是什么新鲜词汇，它已经被界定为创意营销模式结合零售店面的新业态。所谓的Pop-up Store可以理解为短期经营的时尚潮店。如图7-5所示，2018年4月香奈儿在中国落地了第一家游戏快闪店。

图7-4　长作栋梁主导的LABELHOOD

图7-5　香奈儿游戏快闪店

第二节　视觉营销企划

所谓视觉营销（VMD）企划就是对服装产品终端进行一系列因素的考量与策划，VMD是衔接设计与销售的中间环节。VMD包括店内陈设相关设计，是视觉终端营销的一种手段，不仅涉及陈列、装饰、展示、销售的卖方问题，还涉及企业理念以及经营体系等重要"战略"，需要跨部门的专业知识和技能，并不是通常意义上我们狭义理解的"展示"或"陈列"。零售卖场的设计与零售商整体布局、设计是分不开的，但每个服装企业可以在自己有限的区域内，应在不与零售商发生冲突的前提下进行自我设计，使卖场别具一格，与众不同，吸引消费者，树立企业形象。

一、主题规划与橱窗设计

服装商品的视觉营销企划中占主要地位的是主题规划与橱窗设计。

（一）主题规划的构成

1. 形象语言

（1）运用特定的色彩。颜色的选择应吸引目标消费者或突出特定的服装：比如适合儿童的颜色应该简单明快；适合十几岁的青少年的颜色应是热烈鲜明；女士内衣的颜色应该体现柔和等。另外，在卖场张贴的海报应该运用最能体现服装定位和特色的画面。

（2）凸显品牌文化。终端的视觉呈现应该与品牌文化有着密不可分的关系，对终端店铺进行主题化打造有利于使消费者更加快速地被品牌吸引，乃至调动到文化认同的层面。除此之外，终端的主题化有利于品牌视觉的统一性。如图7-6所示，潮流品牌Supreme的终端始终围绕滑板文化来打造空间。

图7-6　Supreme门店内部空间视觉

（3）合理运用标志的印刷字体。合理运用标志的印刷字体对标志的成功来说是非常重要的。不同的印刷字体传递着不同的信息和语言。例如：书写降价标志时，用工整的标准字体比草率地书写要好得多，消费者会认为降价不是简单草率的行为，而是有种与众不同的感觉。注意书写不要使用复杂的、难以看懂的字体，因为消费者没有时间去辨认。如想取得变化的效果，可以考虑使用不同但和谐的字体。

（4）为消费者提供信息。消费者到零售卖场，希望得到产品更多的信息。如不同服装指示牌，解释服装是如何生产加工的以及生产服装的历史或获得过哪些奖项等。有些服装企业会在卖场摆设服装整体穿着效果的模特或不同服装穿着场合的效果图，很受消费者欢迎。

2. 灯光照明设计

零售卖场的内部氛围和空间个性需要靠光源来渲染和控制。好的照明效果会使消费者进入卖场后心情愉快、轻松地购物。所以，灯光照明能够直接影响卖场内消费者的购物情绪。

零售卖场内部空间的光源主要分自然采光和人工采光两大类。自然采光能给卖场制造出富有情感氛围的自然景观。自然光源虽然光色通透、丰富但是不易控制，所以零售卖场内基本采用人工采光，它可以根据条件的改变而转换。

卖场灯光照明可以分为基本照明、特别照明和装饰照明。基本照明指保证卖场的基本照明；特别照明是为了表现服装的特质而加强照明，多采用聚光灯、探照灯等定向照射；装饰照明大多采用闪烁灯、霓虹灯等照明设备。图7-7是时下门店中较流行的创意装饰照明，可以增添卖场活跃度和氛围。

3. 色彩设计

终端可以适当地运用和组合色彩，调整卖场内的色彩对比，形成特定的卖场氛围。对卖场进行色彩设计时，主要注意三个方面。

（1）色彩契合品牌主题。在终端设计中，色彩需要契合品牌主题，因为门店内部空间的主题表达是建立在色彩运用的基础之上，换一句话说，终端色彩的运用决定着品牌主题文化。

（2）色彩搭配品牌风格。风格与主题最大的不同之处在于风格在大多数情况下讲究的是一种主要呈现的视觉效果，而主题一定是包含着某种文化理念，因此在终端空间企划中色彩搭配品牌风格时首先要规定好主要的大色调。

比如，男装品牌 Reykjavik Boutique 的门店呈现的显然是一种工业风格，所以在终端企划中的色彩搭配选用的主色调就是贴近这种整体风格（图7-8）。

图 7-7 时下门店中较流行的创意装饰照明

图 7-8 男装品牌 Reykjavik Boutique 门店展示

（二）橱窗设计

商店橱窗不仅是终端总体装饰的重要组成部分，并且是商店的第一展厅，是品牌的一个具体的门面，也决定着是否可以吸引到消费者。好的橱窗布置既可起到展示商品、引导消费、促进销售的作用，又可成为商店门前吸引过往行人的艺术佳作。

橱窗应该在靠近门前或人流主通道的位置，而且前面没有遮挡物，主推商品的摆放与消费者视线成30°。在设计中运用旋转的道具或垂吊物，可以增强橱窗的动感或空间感。根据顾客群的特点和营销策略，橱窗可采用封闭式、半封闭式和开放式，或者简化橱窗。

在大多数情况下，橱窗的布置是以品牌风格为基石去体现的，表现方式多种多样，主要有以下几种。

1. 展现当季产品式

很多品牌终端的橱窗展示部分往往是用来展示当季最新的主打产品,随着系列的更新而不断进行更换、布置。如著名国际奢侈品牌迪奥(Dior)曾在1951年把当时新推出的"NEW LOOK"(新风貌)放在橱窗内展示(图7-9)。有时也会结合创意设计陈列。

2. 艺术主题式

事实上艺术和商业之间并无太大的区别,如何把艺术和商业互相融合需要对艺术的流行和消费文化进行解读,同样,艺术也被商业市场考虑到以商品售卖为目的的视觉陈列范畴中去,因此很多品牌会邀请艺术家前来为终端的橱窗展示进行视觉形象打造。

作为20世纪50年代成功的美国艺术家、印刷家、商业插画师,安迪·沃霍尔(Andy Warhol)曾在1961年4月将自己的几幅画作展示在纽约邦威特·特勒(Bonwit Teller)百货公司的橱窗陈列里(图7-10)。这些画作是根据时下流行的漫画、黑白相间的广告以及模特身上穿着的服装为灵感而进行创作的。

图7-9 1951年迪奥品牌在橱窗的展示

图7-10 1961年安迪·沃霍尔在纽约Bonwit Teller百货公司的橱窗创作

3. 事件场景式

这种方式是以一个广告专题为中心,围绕某一个特定的事件,组织不同类型的商品进行陈列,向媒体大众传达一个诉求主题。比较多见的有节日主题陈列;事件陈列,如以社会上某项活动为主题,将关联商品组合起来的橱窗;场景陈列,如在橱窗空间中规定人模造型,营造出一个有故事性的场景(图7-11)。当媒体以大片的形式为品牌进行全力推广,拉动各大品牌旗舰店和百货商店的销量时,百货商店会选择通过视觉陈列这一方式来进行配合宣传,以达到双方共赢的局面。2012年,荷兰百货公司蜂巢百货为了促进荷兰《VOGUE》杂志9月刊的销量,特意为杂志开辟出以"Romantic Revolution"(浪漫革命)为主题的橱窗系列(图7-12),这是事件陈列比较常见的典型案例。

图 7-11　20 世纪 50 年代某品牌的场景橱窗设计

图 7-12　荷兰百货公司蜂巢百货与荷兰《VOGUE》杂志合作的橱窗

4. 特定式橱窗布置

指用不同的艺术形式和处理方法，在一个橱窗内集中介绍某一产品，一般多以品牌的经典款与主打款为主要展示。如路易威登的很多门店橱窗只放品牌的经典皮具包（图 7-13）。

二、VP、PP、IP 区域的规划与布置

演示空间（VP）、展示空间（PP）、陈列空间（IP）是终端的展示区域，它们依据陈列主题、服装类别、路线布局而划分，如图 7-14 所示。

图 7-13　路易威登某门店的橱窗展示

图 7-14　展示区域分类

（一）演示空间 VP（Visual Presentation）

演示空间展示设计主题、流行趋势等内容，几乎影响整个店面的视觉效果。

演示空间的作用是表达店铺卖场的整体印象，引导顾客进入店内卖场，注重情景氛围营造，强调主题。它犹如卖场中吸引顾客的舞台，也是品牌或卖场向顾客表演的舞台之一。演示空间经常通过演示和顾客生活方式、生活理想、愿望等一致的情景，在无形中影响顾客的购物欲望。

演示空间的表现要点是：①要去思考如何表现主力商品的优点，并透过具有提案性的内容来表现；②采用最亮眼、明显不同于其他展示点的表现方式；③要在最佳区域保留一定空间作为演示空间使用，与其他展示点做出区隔。

演示空间的地点通常为橱窗、卖场入口、中岛展台、平面展桌等。

（二）展示空间PP(Point of Sales Presentation)

重点商品陈列可以通俗地理解为重要陈列或对销售起到重要作用的商品的陈列，如果从商品策略的角度来讲，也可以理解为重点推广的商品陈列，其所陈列的区域也可以称为卖场重点展示区域。

展示空间的作用是表达区域卖场的印象，引导顾客进入各专柜卖场深处，展示商品的特征和搭配，展示与实际销售商品的关联性。

展示空间的表现要点是：①有聚焦点及完整性的结构；②以具提案性的内容来呈现；③以具有吸引力的展现方式来呈现商品；④要为展示保留一定的使用空间。

展示空间的地点通常为展柜、展架、模特、卖场柱体等。

（三）陈列空间IP（Item Presentation）

单品陈列是卖场里主要的销售商品的储存空间，卖场中至少80%以上数量的货品陈列在这个区域。

陈列空间的作用是将实际销售商品的分类、整理，以商品摆放为主；并且要做到清晰、易接触、易选择、易销售的陈列。

陈列空间的表现要点是：①IP陈列基本上需要沿着垂直或者水平方向整齐划一地排列商品；②基本上展示的商品采用正面陈列，让顾客挑选、购买的商品采用侧面陈列并要考量两者间的平衡；③在"挑选空间"营造挖宝的愉快环境，需费心陈列相关商品，让顾客更容易对商品进行比较；④考量与邻近商品间的协调感，让陈列有故事性的脉络可循。

陈列空间的地点通常为展柜、展架等。

三、店铺陈列的方式

（一）店铺陈列的设计方式

1. 叠装陈列

叠装陈列就是把服饰进行多种方式的折叠后进行陈列的形式（图7-15）。这种陈列可以节省空间，提高在点面陈列上存储货品的量；而且在恰当的利用服饰的颜色进行叠装组合和大面积的排列后形成一定的形式美感，造成颜色、造型或者图案上的视觉冲击力。

叠装陈列多用于T恤、衬衣和牛仔裤以及针织衫等服装，这些品类多为休闲、柔软和贴身穿着的造型，也能体现其叠装成型的面料特征。

2. 侧挂陈列

侧挂陈列是挂式陈列的一种常见形态，是指将服装侧向挂在不同形式的货架横杆上的陈列方式，如图7-16所示。该方式占用空间面积小，空间利用率较高；利于顾客快速浏览多件款式服装，利于款式的比较。

图7-15 叠装陈列

图7-16 侧挂陈列

3. 正挂陈列

正挂是指服装的正面朝向顾客，便于顾客看清服装的正面效果。图7-17为正挂陈列。

4. 模特展示陈列

模特展示陈列也叫人模陈列，是服装店铺最具生动性的表达方式。它通过多变的模特类型、多样的系列服装搭配方式，更加全面、生动地展示品牌当季主题，为提升消费者体验感、兴趣度奠定基础。

（二）店铺陈列的空间设计方式

根据特定的空间形式、场地状况以及商品的性质和陈列方式，可以采用相应的空间设计法。

1. 中心布置法

中心布置法要求陈列可以四面观看，并且是较为重点推广的商品，如图7-18所示。其平面往往可设计成正方形、圆形、半圆形、三角形等。

图7-17 正挂陈列

图7-18 中心布置法

2. 网络布置法

网格布置法通常以标准摊位的形式出现，适合在宽敞的大空间里，按照网格构成的方法，以摊位为基本单元进行规整布置，如图7-19所示。这种形式同使用标准化、通用化的组合道具分不开，是服饰展销会的常用手法。

3. 临墙布置法

与单向型空间相似，临墙布置法是沿着空间围合界面不断延展布置的一种手法，如图7-20所示。通过横向路径的展开能产生一种简单、清晰的观看路线。

4. 悬浮布置法

这种方法是服装或道具在垂直方向上采用悬吊结构，使得上层空间的底界面不是靠墙或柱子支撑，而是依靠吊杆或拉索悬吊，故有一种新鲜有趣的"悬浮"之感，如图7-21所示。因底面没有支撑结构，所以可保持视觉的通透完整，底层空间的利用也更加自由灵活。

图7-19 网络布置法

图7-20 临墙布置法

图7-21 悬浮布置法

5. 通道布置法

采用该法的通道顶侧往往呈封闭或半封闭状态，可使线路明确，视感集中，便于表现完整的商品展示，如图7-22所示。通道内可以通过光纤的幽暗变幻给人以神秘的感觉，也可以通过辉煌明亮的灯光给人以殿堂般的感受。但通道布置法占地较多，造价也较高，不宜为一些小型展示所采用。

6. 散点布置法

散点布置法是中心布置法的发展，是将多个或多组四面观看的产品布置在同一个展厅中从而形成的平面类型。它们大小相近，参差有致，给人一种轻松活泼的氛围。

7. 色彩规则运用法

在店铺陈列的设计方式中除了空间的协调之外，还可以从视觉中的色彩感官出发，利用一些色彩规则陈列产品，使得产品可以给消费者留下一个强烈的印象，这也是有效的吸引顾客的方法，如图7-23所示。具体可以适当地运用色彩的渐变、撞色、同类色、互补色来搭配陈列产品。

图 7-22　通道布置法　　　图 7-23　色彩规则运用法

第三节　常见的服装产品宣传手段

一个商业产品就算做得再好，如果没有合适的包装和宣传，消费者很难在整个庞大的社会商业体系中发现它，这就将会使品牌从调研企划、确定方案再到生产制作、开拓渠道等一系列的努力都付诸东流。所以在服装商品企划中，服装产品的宣传手段的重要程度与企划的其他环节是并重的，甚至是占主要地位的。但是时代是在不断发生变化的，我们也正在不可避免地迎来全面信息化的时代，人们看到信息的速度和想要看到的信息的要求也随着时代特色的转变而改变。所以本节将结合当下社会背景来介绍如今服装商业体系中一些常用的服装产品宣传手段。

一、社交媒体宣传

在智能手机普及之后，不得不承认的事实是人类社会的生活方式彻底地发生了改变，当然，对于整个消费市场上来说，这无疑也是一场变革，这就是我们通常所说的时尚传播媒介发生了变化。

（一）品牌公共账号的运营

如今网络社交媒体已经充分占据了我们的日常生活，尤其是在智能手机全面普及的当下，信息传播的速度越来越快，商家也不会错失夺得数据流量的机遇，几乎每个时装品牌都纷纷在社交媒体上建立自己的官方公共账号，以便更为深入地进入消费者生活、在一定程度上缩减品牌自身广告宣传开支的同时在网络赢得关注乃至集结粉丝。时装品牌通常选择的社交媒体平台为新浪微博、微信公众号、instagram、twitter、facebook等，这都是当下最为主流的社交媒体。

社交网络的发明，从根本上改变人们吸收、传播和消费的行为模式与习惯，由于在这些社交平台中获取信息的即时性与可互动性，消费者越来越习惯在这些平台获取他们喜爱品牌的各种资讯，只需点击一个订阅，我们就将会收到来自这个品牌的动态，更直观也更加便捷。如图7-24所示，品牌宣传大片、新闻、最新款式画册可以随时被更新并向消费者提供，尤其是微信公众平台上，品牌公共账号还会分享网友感兴趣的文章以获得更多的流量。甚至自媒体盛行的今天，我们只需要隔着手机或者电脑的屏幕就能坐在时装周的秀场头排看秀，时间、空间再一次地被压缩，我们每一个人都可以同时欣赏品牌国际时装秀的即时直播。近年英国奢侈大牌巴柏丽（Burburry）就因为社交媒体的这种传播效应而催生出"秀后即买"的行业规则，要知道一般时装秀上可以售卖的产品都是提前4～6个月进行发布会走秀的，也就是说这种科学技术革命已经前所未有地放大了传播的效应。

图7-24 本土独立设计师品牌PRONOUNCE的官方微博界面

（二）拥抱网红效应

在之前的章节也有提到过，时尚有一个很大的特点就是它的不确定性，各种各样的风格出现，但你并不清楚哪种风格会真正流行。虽然以前一直有各种前瞻趋势，即相关行业的顶层机构基于商业目的做的预测，但那一套看似缜密的条框，对于如今变化神速的商业操作来说，已经完全失效。在互联网的紧逼下，时尚产业不得不在十字路口，选择一个或许是对的方向，坚定向死而生的决心，加快步伐前行。回望近几年，连奠定了全球时尚产业基础的老牌时装品牌们都纷纷为了夺得媒体与大众关注而频频制造话题度与曝光度，时尚——曾经只为阶级特权而服务的产物，如今已经带动了全民话题和全民时尚的"盛世"。然而即便如此，精明的商家早已洞察到哪个群体在当下有着足够的话语权，可以书写行业动态与走向，拥有关注度就能占主导地位，因此品牌们都纷纷邀请网络红人的加入来为品牌带货与正名。举个例子，歌手坎耶·维斯特（Kanye West）的个人品牌，以椰子鞋为主打的潮牌Yeezy火爆全球，他的夫人金·卡戴珊（Kim Kardashian）坐拥1亿多粉丝全心全意帮忙带货刷存在感，夫唱妇随，势要改写过去由欧美大厂构建起来的传统时尚体系。在社交媒体上，大大小小的网红层出不穷，只要风格定位独居一到，具有强大的个人魅力，自然会有品牌愿意去选择这样的桥梁为产品开天辟地。

从传播理论结构来看，尤其在社交媒体大行其道的当下，一批看起来独立而事业有成的时尚博主纷纷涌现，他们敢爱敢恨、所特有的消费方式都会被消费者不经意间地效仿，同时把既定的生活状态转化成某种个人意义来追求。图7-25是Ins平台所展示的网红DAN.LE为某饰品品牌拍摄的风格大片，借由这种方式传递给消费者。这便是消费主义给予现代人的个体性，你会从文化场域的诠释谱系中找寻高价值的原因，或者将消费媒介贩卖的生活方式和价值观植入到自身的消费体系中。甚至已经出现了新科技推动下出现的全新虚拟媒介，即现在的虚拟网红人物也备受追捧。

图7-25 Ins网红DAN.LE为某品牌首饰拍摄的大片

（三）时尚评论

除了会穿衣、会带货的时尚博主之外，还有一个活跃于时尚社交媒体的群体就是时尚评论人，也可以称为时尚撰稿人。他们一般不在屏幕上抛头露面，而是用文笔和非凡的新闻能力征服读者和网友。时尚评论人往往是以专业的视角来对这个行业进行讨论或者发表观点，有影响力的时尚评论人甚至也可以成为品牌和消费者之间的桥梁，当然，公正与客观永远是这个群体的行业准则，就看品牌如何用好这些资源。国际上著名的撰稿人如范妮莎·瑞德曼（Vanessa Friedman）在纽约时报有自己的时尚专栏，顶尖的评论人的确可以一定程度上决定部分行业的价值观。

二、平面视觉广告

（一）以时尚杂志为媒介

尽管现在自媒体盛行，拥有一些搜集信息和筛选信息的能力似乎每个人都有可能成为时尚新闻的媒介，但是纸媒时尚杂志依旧是时装品牌目前比较稳定且传统的时尚传播媒体。

事实有目共睹，时尚杂志无可避免地受到来自社交媒体和电商的冲击，这两股技术力量形成了从传播到购买的完整闭环的冲击，对于时尚杂志依靠广告维持生计的单向传播模式形成了巨大冲击。因此，各大时尚杂志都费尽心力地提高杂志大片的质量以及模特的话题度，当然了，时尚杂志作为一个被无数人追捧的传播载体，还是很有想象力的，毕竟时尚杂志是一个引领时代的文化产品，而不是肤浅的流水线快销品。

按照欧美时尚体系的运行规则，当各大时尚品牌陆续在新兴市场开店时，时尚杂志作为宣传工具就会随后驾到，而《VOGUE》杂志作为各大时尚品牌首选的宣传工具，它在小国落地的优势几乎是垄断式的，完全就是稳赚不赔的好买卖。好的大片加上好的宣传平台自然能够体现好的品牌产品。

（二）运用艺术语言

在当今社会，影像时刻充斥着我们的生活，商业资本常常关心现代影像如何借由艺术的手法以夺得大众的视野，这也是品牌对自身的这种文化工业产品进行另一个维度的诠释。若艺术性在文化产品中体现较强，那么它商业性的一面在消费者的潜意识中就会被无形地减弱，一定程度上协调了消费者崇尚物欲的罪恶感。广告"引用"艺术作品，有双重作用。首先艺术是富裕的标志，它属于美好的生活；另外，艺术语言也隐含了一种文化权威，一种尊贵乃至智慧的形式，凌驾于任何粗俗的物质利益之上。因此在商业广告漫天铺地的今天，品牌如果另辟蹊径，以艺术语言进行品牌包装说不定能在市场获得更为醒目的印记。如图7-26，罗意威（LOEWE）品牌在新际产品推向市场之前所拍摄的艺术大片，它将水果元素夸张地与面部表情相结合，给消费者带来巨大的时尚新鲜感及话题关注度。

图 7-26 罗意威（LOEWE）品牌的平面广告海报

国内许多设计师品牌宣传几乎不使用任何商业摄影的模式，广告形象基本不出现明星和网红，常常以艺术摄影进行品牌包装宣传。与此同时，以商业上非常成功的古驰（Gucci）来说，它已经成为各个生活方式零售领域的学习对象，亚历山德罗·米歇尔（Alessandro Michele）领导下的古驰不断挖掘和嫁接意大利文艺传统的做法，显而易见也是在朝这方面努力。他借文艺考古呈现色彩、纹样华丽多变的设计风格，勾连起了人们对于欧洲文艺传统的集体怀旧，还很好地回应了个人主义穿着仪式和多样化审美风潮（图7-27）。

图 7-27 古驰 2017 春男装

当下时尚消费人群结构的极速变化,继而在人群中产生了复杂多变的文化流动现象,连锁反应催生了个体意识的广泛觉醒,时尚消费也就自下而上出于个人主义和多元兴趣等因素发生了巨大变化。

(三)时尚画册(Lookbook)

时尚画册(Lookbook)其实是这几年互联网造出来的新英文单词,通常被时尚网站或时尚博主采用。Lookbook 其实是这样一组照片:展示一个模特的各种造型,或是一个摄影师的一组作品,或是同一种风格的一组时装照片,或是一个服饰品牌的一个新系列的画册。各大品牌每季推出的新品系列的画册,或精品百货店每季新拍的画册,都被冠以"Lookbook"的称号。它与平面广告最大的不同之处在于艺术性的一面体现较小,主要被用于展示当季产品的具体细节和款式,吸引买手、经销商或销售渠道。图 7-28 是日本男装品牌堀川达郎(JULIUS)所展示的 2019 春夏系列,通过时尚画册事无巨细地展示了前卫先锋的设计风格。

图 7-28　堀川达郎(JULIUS)2019 春夏系列 Lookbook

三、以时装周为媒介

随着时尚行业的民主化进程,如今国际时装周已经成为全民关注的事件,事实上对于服装品牌来说,这是再好不过的宣传机会了。

(一)时装周发布会

一提起时装周人们首先想到的就是国际四大时装周,时装周的前身是"时装媒体周",相当长一段时间,时装周就是一个商业盛会。设计师表达作品,媒体报道评论,然后买手下单。可是越来越多名人的加入,逐渐让时装周变成一场娱乐明星秀,媒体的关注点也从服装转为名人。终究设计师参加时装周都是为了能拓展市场和宣传品牌,事实证明,时装周依旧是在行业内最具权威的宣传平台。比如 2018 年 2 月,国民运动品牌李宁首次登陆纽约国际时装周,完成了跳跃性的大转型,从此从品牌的低迷期一下子峰回路转,可见得消费者对于时装周的关注度是极其高的。图 7-29 是李宁品牌 2018 年的秋冬服装秀,在纽约时装周的舞台上大放异彩,其具有民族情怀的设计吸粉无数。然而,对于其他一些发展已经非常成熟的时装品牌,时装周对于它们来说就是一个沉淀与升华自身品牌形象的舞台,可以尽情创作与享受,使消费者每次观秀都备感是一种视觉盛宴,跟客户继续保持契合这样的情感纽带,使客户更加信赖。

图7-29　李宁（LiNing）品牌亮相纽约时装周的秋冬作品发布会

（二）展陈空间（Show room）

展陈空间（Show room）一般是以展会的形式，通常分为两种：单一品牌和多品牌。单一品牌是展示该品牌新品，并供买手、经销商选货的地方；多品牌的功能类似，但是有第三管理经营。Show room的主要作用是销售，更准确来说，是批发各品牌新品给各经销商和买手。Show room更主要是吸引买手和其他业务往来，对品牌宣传也有一定的助力，如果是个人品牌成立初期，想要进入市场，Show room就是一个很好的选择。国际上的著名展会都是跟着时装周的步伐调整，时装周在哪个城市，那段时间展会就会跟到哪个城市，期间众多Show room开放，把设计师、品牌、买卖双方的资源结合得相对紧密，节约成本的同时达到曝光的目的。例如，上海时装周的官方唯一配套展会，MODE上海服装服饰展致力于推进时尚行业产业链的完善，同时满足国内时尚零售市场个性化需求，力图以高匹配度和有效性的服务，多维度整合优势资源，全方位的媒体传播渠道，为来自世界各地的买手及行业人士搭建一个促进商贸对接与合作的商业平台，营造一个全新的展会氛围与体验。

四、运用特殊文化语境

事实上，营销的本质就是创造需求。据说当代零售创造的第一个需求是有关于厨房里的铁锅。19世纪以前，每户欧洲家庭只有一口锅，但工厂生产出了不同尺寸的锅，为了贩卖出去，百货店的销售人员于是给不同的锅赋予了新的功能和名称——煲汤的汤锅、烧饭的饭锅、烹炒的平底锅等。跨国公司建起来的市场、媒体和广告系统的联盟，将社会大众培养成"消费者"。它不但可以制造出人们不需要的产品，还可以进一步生产出"消费"本身。因此，可以看出要想成功宣传并推销产品，就需要用好文化语境乃至特殊的文化语境。

（一）消费主义与广告幻觉

进入20世纪以后，随着工业革命的完成，生产开始过剩，20年代起，全面的商业时代即广告时代兴起，整个产业链需要将消费文化意识形态嵌入商品，通过媒介制造、传播，最终把大家通通转化为"消费者"，以消化多余的商品。需求开始脱离现实生活本身，又经消费媒介制造出来，从而进入一种价值观生产的循环，这一系列现象却常常被商业广告挪用。这是消费主义发展到的一个必然的阶段，消费行为本身从单纯购买需求，变成广义的购买意义。在这个过程中，消费的快感从单纯物质激励，变成了某种个体性的自我承认和相互承认。

广告就等于某种哲学体系，它用自己的一套说法解释一切，它对大千世界做出诠释。在这里就不得不提到世界公关之父爱德华·伯内斯（Edward Bernays），他是弗洛伊德的侄子，在上个世纪初就利用了营销策略成功地控制大众心理并且引导消费，将当时的女性香烟包装成是点亮生活的自由的火炬。在那个思想还未解放的年代，一时间使从大众无法接受女性吸烟到备受追捧，使该品牌瞬间变成当时最火热的单品。这一切在服装品牌中也是极为常见的，成功的品牌善于利用广告幻觉，拥有什么就可以成为什么样的人。比如周仰杰（Jimmy Choo）品牌宣扬女人只需要本品牌的一双高跟鞋就可以变得美丽性感。图7-30是周仰杰（Jimmy Choo）推出的2018早秋系列。

图7-30　周仰杰（Jimmy Choo）的2018早秋系列图片

（二）文化产业工业化

社交媒体时代最大的特点就是信息量的庞大，大大地提高了人们筛选信息的成本，如今真正迎来信息爆炸的阶段，资本家们的当务之急就是加快对文化资源的抢占，促进文化产品工业化，加深符号化的运作手段，使消费者再也脱离不了对品牌的信仰。

1. 贩卖文化符号

西方学者齐泽克曾说过：品牌不仅仅只是一个品牌，每个伟大的品牌背后都有着它的意识形态在推动，品牌已经可以承载人所有的自我的投射、欲望、情绪、对于世界的看法与表达。而品牌的标识（LOGO）就是这一切的媒介，这又可以联系到鲍德里亚提出的符号学理论。事实上我们选择了哪种商品就等于我们选择了哪种符号来标榜自己，这件很神奇的事情就得益于品牌的力量。

例如，路易威登2018年来开始为品牌贴上"高街"的标签，打破种族偏见的边界；博柏利在2018秋冬大秀上高举彩虹大旗，为同性恋这样的小众群体发声。这一切看起来似乎只是一众品牌们在各自本就已很辽阔的海域中不经意尝试的小浪花，实则都是在抢夺文化资源以不断顽固品牌身份。主张自身的文化价值一般都是企业贩卖文化符号的一种方式，简而言之，就是以文化认同的形式来招纳衷心的品牌追随者。图7-31是路易威登2019春夏男装系列。

图 7-31　路易威登 2019 春夏男装系列

说到底时尚是一门生意，而品牌期望能够最大限度地培养消费者忠诚度，它越来越会利用社交媒体的平台向人们灌输他们想要传达的理念，利用新的技术革命，把时尚翻译成了大众使用的语言，以技术革命引发新的思潮和范式，社交媒体进一步地加深了这样的局面，越来越多人在潜移默化中受到影响。

2. 整合品牌基因——以李宁为例

国民运动品牌李宁最早是在1990年为中国运动员创造一个同名品牌，让他们在登上奥运奖台的历史时刻可以穿着，并将中国文化推向世界舞台。但是由于在很长一段时间里不会合理整合自身品牌的文化资源以及不善于使用千禧一代消费者们所熟悉的那一套语言符号，以至于李宁的产品曾经几乎与市场上其他运动品牌大同小异，近乎与新成长起来的一代消费者的生活经历脱轨。

而李宁品牌近些年通过对品牌形象转型升级，在国内运动服装领域重回核心地位，这一切也都是得益于合理地运用了品牌自身的文化符号，历史性地提升在中国市场的营销效果，基于公司的深厚传统和独特的中国视角，逐渐形成更为明确的品牌基因和审美。

（1）品牌基因解读。下面以李宁品牌的2019年春夏系列大秀为例来解读该品牌如何利用文化符号以获得营销上的大胜。该系列以"中国李宁"为主题，以李宁先生光辉的运动生涯为主线贯穿全部的设计，带人们重回青春澎湃、运动潮流盛行的20世纪90年代，新时代的思想特质，人们的交流，觉醒的契机和想法来源都飘散在空中，而如今李宁品牌却通过时装设计，用具体的、实在的形象表达了出来。

以20世纪90年代流行的紫色、灰绿色以及白色为主色调，款式上是风靡90年代的水袖运动上衣和落肩夹克等单品（图7-32），体现的是90年代国外的摇滚（Grunge）、锐舞（Rave）、嘻哈（HipHop）文化风格。李宁品牌本季的设计是在自身资料库中提取经典，运用现代的剪裁、面料甚至穿搭方式进行改造。图7-32所示是李宁品牌2019大秀中所体现的20世纪90年代流行符号。

图7-33中的满印图案将极具方正感的"体操王子"四个汉字进行解构和颜色的重组搭配，运用在极富年代感的衬衣、连衣裙、男士衬衫上，将20世纪90年代风潮渲染到底。

图 7-32　李宁品牌 2019 年春夏大秀中所体现的 20 世纪 90 年代流行符号

图 7-33　李宁品牌 2019 年春夏大秀系列——运动生涯符号

图 7-34 中的体操服元素更是再次点亮我们当年为这位"体操王子"喝彩的回忆，既为李宁带来结合品牌独有历史的标志性风格，又在与廓形剪裁的长裤和夹克混搭方面增添新意，通过色彩丰富的体操服饰造型和撞色搭配强化服装造型的动感和流畅性（图 7-34）。

图 7-34　李宁品牌 2019 年春夏大秀系列——体操符号

李宁品牌运用的 20 世纪 90 年代复古情结，并不只是所有品牌在设计中拥有的共性复古（Retro）运动元素，而是建立在李宁品牌本身的故事和传统基础上。在 90 年代这个时间段内，除了李宁先生赋予品牌的运动基因，李宁公司也一直在赞助中国国家队参加奥运会的一些领奖服。以这种方式适当地结合中国的领奖服、运动服、体操服等设计，向消费者传递的是无比荣耀的民族情结（图 7-35）。

（2）打造品牌基因。正因为李宁品牌本身是有故事、是有民族情结的一个体育品牌，所以它才能有经典之中传承而来的深厚积淀。李宁品牌的复古区别于其他品牌的复古，是因为这些东西本身也是李宁品牌的传统，现在用一些更有意思的手法去重新塑造，所以李宁品牌的复古设计以故事性取胜，既展示了品牌基因，又传承了中国精神和文化，自然也就征服了消费者。图 7-36 是李宁品牌 2019 年春夏大秀系列主题海报。

运动依然是李宁品牌的一个内核，只不过时尚是看世界的一个视角，李宁品牌的营销战略的成功之处就在于了解年轻人挑剔的喜好，结合当下流行的千禧一代热衷的街头风格、运动生活，高调地展现品牌基因，渲染了民族情怀，最重要的是，李宁品牌非常懂得赢得年轻消费者就等于赢得社交媒体，在这些综合驱动因素之下，或许是李宁这类运动品牌的未来。

图 7-35 李宁品牌 2019 年春夏大秀系列——民族符号

图 7-36 李宁品牌 2019 年春夏大秀系列主题海报

第四节 销售促销战略的制订与实施

如果说广告是向消费者提供购买的理由,那么销售促销战略则提供了购买的刺激。狭义的销售促销的定义是:在给定的时间和预算内,在某一目标市场中所采用的能够迅速产生激励作用、刺激需求、达成交易目的的促销措施。

一、促销方式的特点

销售促销的最大特征就在于它是战术性而非战略性的营销工具,它的关键因素是短程激励,并期望它成为导致消费者产生购买行为的直接诱因。服装销售促销涉及的活动是为了增加服装产品的价值、吸引顾客和中间商购买、激励或提高整个销售渠道的运作效率。

对消费者而言,促销活动使其切实受益,激发了购买热情,提高了顾客的满意度;对中间商而言,促销活动有利于其销售利润的提高。概括地说,适当的促销可起到以下作用:加速新产品进入市场的进程;鼓励消费者重复购买;增加消费量,提高销售额;有效地击败竞争对手的促销活动;带动相关产品的销售等。

二、促销方式的运用

1. 确定销售促销目标

促销目标服务于企业的营销目标。销售促销目标的确立是制订相关策略的前提。销售促销的具体目标应当根据目标市场类型、市场变化及产品市场阶段等方面来决定。

概括地说,服装销售促销的目标可分为两大类。

(1)短线速销。一般可通过三个途径达到此目的:①提高购买人数;②提高人均购买次数;③增加人均购买量。

(2)长线促销。较常用的方法有:会员卡、竞赛、赠品等。

2. 选择促销工具

服装企业在选择销售促销工具时必须考虑市场类型、销售促销目标、竞争条件和环境、产品特性、促销对象的消费心理与消费习惯、竞争对手动态、促销预算水平等因素。针对服装消费者的销售促销的主要目的包括：消费者教育（如流行趋势、时尚观念、生活方式等）；商品、品牌、品质、特征、效率等的信息传递；唤起需要并刺激购买等。

针对服装消费者的销售促进工具主要有优惠券，折扣优惠，赠品，奖品，竞赛、抽奖、游戏等。表7-1是整体促销安排计划。

表 7-1 整体促销安排计划

主要活动	具体工作	负责人
初步确定广告促销的总体预算及分配比例	收集促销费用的历史情况，竞争者信息等数据	市场助理/片区市场经理/产品线经理
	确定广告促销总体预算及分配比例	产品经理
设计广告方案	调研了解品牌知名度，收集消费者信息	市场调研经理
	确定广告宣传主题	产品线经理
	选择相应的媒体和投放地区	产品线经理
	制订初步广告方案	产品线经理
设计促销方案	各产品线汇总审议方案	产品经理/产品线经理
	收集促销活动信息	各级市场/销售人员
	制订初步促销方案	产品经理
	汇总审议	分公司/片区经理
汇总确定广告促销计划	落实具体促销活动的执行方案，做出决策	战略营销经理 市场/销售总监 事业部总经理

三、小结

在服装商品营销策略中应该适当地使用销售促销战略，否则可能会降低消费者对品牌的忠诚度。另外还应注意销售促销活动的隐藏陷阱，促销费用实际上可能要比预计的更昂贵。因此，服装企业应当对销售促销活动有正确的认识：销售促销是催促的推广手段；销售促销不是"万灵丹"，无法解决所有的问题；销售促销犹如特效药，短期有效果，但也可能产生副作用；销售促销活动要有创意并领先推出；销售促销的目标要明确，需要谨慎规划，以解决特定的营销问题；销售促销要能让消费者感到商家实际让利的好处，让消费者期望销售促销活动能尽早到来。

思考与练习

1. 如今常见的服装产品宣传手段有哪些？跟过去发生了哪些质的变化？
2. 服装商品的视觉营销中的橱窗设计对销售主要发挥的作用是什么？
3. 服装商品的广告包装是如何抓住消费者心理的？
4. 被称为"千禧一代"的消费者希望看到怎样的商品？
5. 买手店的经营模式是什么？
6. 国内的一站式购物中心有哪些？

第八章
服装品牌的传播策略

通常，时尚传播通过不断地引起情感关注、进行视觉引导、制造视觉冲击、创造情境、说服观众，形成其品牌意识，影响甚至改变其消费喜好。服装品牌传播通过杂志、电视、新媒体等渠道，以信息图像化形式传播，加强了传播过程的审美效果。从《VOGUE》、《时尚芭莎》、《ELLE》、《昕薇》等时尚杂志，到各大社交网络的时尚品牌公共主页，从内容到渠道，服装品牌的传播将迎来新的发展。

第一节 品牌传播的定义

服装品牌传播是为了实现商业目的而进行的视觉传播，它是通过产品形象、语言、文字、活动、各种传统媒体与新媒体等不同手段，有效地传达品牌理念、树立品牌形象的过程。

一、广义的服装品牌传播

人们对服装产品的喜欢源于其色彩、线条、形状和视觉吸引力等因素。时尚传播的方法各异，但殊途同归，最终的目的是展现服装产品，展示创意与美感。服装品牌传播包含广阔的范围：图像、文字、语音、电子传播等。

二、狭义的服装品牌传播

狭义的服装品牌传播指服装产品的形象传播与塑造，既包括传播内容（产品、包装、目标客户群、广告设计、预期效果等），也包括传播渠道（媒体的选择）。狭义的服装品牌传播涉及三个领域：传播的内容（时尚产品、广告）、媒体的传播、营销。

服装生产的目的是为了消费，而服装品牌传播的目的是为了引导消费。当消费成为传播的最终目标时，其商业属性就凸显出来了。无论是在人际传播中的口碑传播，还是大众传播中广告的艺术化处理，都是为了向受众施展品牌影响力，向受众展示品牌内涵，使受众熟悉品牌产品，关注、理解、喜欢与消费某品牌。

心理学家阿尔伯特·班杜拉等人在20世纪60年代提出的"模仿论"认为：人们是通过观察他人行动而获取新的行为方式。传媒影响受众的一大方式也在于树立"榜样"来促使人们模仿。平面和电视等媒体的媒介人，可以定义成改变时尚的符号表征，在公众群体中引领时尚潮流。

第二节 服装传播中的品牌溢价

传播提升品牌形象，最终的目的是提升品牌核心价值和品牌溢价（Premium Price）能力。

品牌溢价即品牌的附加值，是产品高出平均水平的价格。品牌溢价能力是使企业获得更高售价、更高利润率、更好盈利的有力武器。品牌资产中的知名度、品质认可度、品牌联想等指标最终强化了消费者忠诚度并提高了品牌溢价能力，从而使品牌具有更强的盈利能力。奢侈品是所有产品类别中溢价能力最强的，奢侈品并不奢侈，奢侈在于情感，用情感赋予品牌的价值。国际品牌古驰、普拉达、阿玛尼、爱马仕、香奈儿、三宅一生、川久保玲等品牌都属于溢价能力极强的品牌，国内品牌如例外、天意、东北虎、播等品牌的溢价能力也较为突出，除此之外，国内的设计师品牌溢价能力逐渐提高，大有赶超之势。

同样的服装，不知名品牌的西服只要几百元，而普拉达的西服则售价在5000元以上。又如，一条普通围巾只要十几元人民币，而香奈儿同样质地的围巾却在千元以上。除此之外，一瓶1985年的唐培里侬桃红香槟售价925美元；一件纪梵希礼服售价15000美元；顶级泰格豪雅手表价格高达58000美元。高端时尚品牌表现出较高的溢价能力，其利润空间远超普通品牌。甚至可以说，品牌决定了产品价值，品牌形象越高端、越优质，其溢价能力越强，其利润回报率越高。这也是为什么众多时尚品牌，尤其是奢侈品牌会投入巨资，通过广告、公关、人际传播等各种手段塑造品牌形象。随着近年来奢侈品品牌的大众化趋势进一步加强以及消费者的理性成长，奢侈品溢价空间进一步缩小，而轻奢侈品品牌很好地迎合了如今的市场需求，增加快速，轻奢族群占到35%。在百货商场中，轻奢侈品的消费热衷度比一线大牌高出25%。轻奢侈品品牌如迈克仕·高（MICHAEL KORS）、蔻驰（Coach）品牌从设计到价格上，更加广泛地渗透中高收入人群，成为较强溢价能力的代表。

品牌的溢价能力主要取决于消费者的情感因素。消费者愿意支付高出标准水平的价格购买品牌产品，是因为品牌具有情感价值。品牌创造出许多无形的品牌联想和高于其他品牌的形象，使消费者相信该品牌品质卓越、做工精良，相信其品牌悠久的历史、良好的社会形象能彰显穿着者的社会地位和品位，是消费者的情感因素促成了购买行为。因此，在时尚传播中，唤起受众的情感关注，创造品牌联想、塑造品牌的高端形象，成为传播的重点。图8-1是品牌盈利模型。

品牌传播所关注的并非商品的功能性价值，而是其自我表达性价值，即服装的符号价值。当品牌在传播中体现了更高的自我表达性价值，其品牌溢价能力就高，品牌的价值也随之提升。

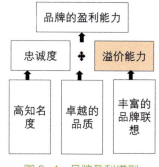

图8-1 品牌盈利模型

第三节　服装品牌传播的内容元素

品牌标识是服装品牌形象传播的第一特质，这也是消费者对于品牌的第一界定。形象代言人对服装品牌传播来说具有较大推动作用，但是也面临风险，如果形象代言人有信誉受损则会严重影响品牌形象传递。服装品牌的包装、产品和服务是品牌形象传播的实现载体,是最具说服力的传播介质。

一、品牌标识

商标是企业在其商品上或者提供的服务上采用的,用于区别其他商品或服务来源,由文字、图形、字母、数字、三维标志、颜色组合,或由上述要素组合而成,具有显著特征的标志。图8-2是缘生泉品牌的标识设计方案,包含文字、字母、图形、三维标志。

图8-2 缘生泉品牌的标识设计方案

标识是企业的徽标或图形标志,可以独立存在也可作为商标的部分,起到对徽标拥有共同的识别和推广的作用,通过形象的标识可以让消费者记住品牌主体产品和品牌文化。图8-3是中式服装品牌锦记5000的标识设计及应用方案。通过标识本身就传达着品牌的中式理念,给消费者形成较为准确的第一印象。

图8-3 中式服装品牌锦记5000的标识设计及应用方案

品牌的打造是个长期投资的过程,品牌标识永远是品牌内容的第一要素。著名平面设计师米尔顿·格拉瑟曾说:"标志就是通向品牌的入口。"世界知名品牌,其品牌标识本身就具有极高的价值,这些品牌的名称几乎被认为是奢华、高端、品位的代名词。一件看似普通的产品,一旦贴上奢侈品品牌的标识,立刻使人联想到其昂贵的价格、高端的品质,从而身价倍增。这样的品牌联想往往是源于文化与商业资本不断交织而形成的现象,视觉包装与品牌定位已经形成了一个无法分割的存在。

世界上的颜色缤纷变换,让人看到一种颜色联想到品牌的当属蒂芙尼(Tiffang)品牌,其专有色彩Tiffany blue(蒂芙尼蓝)享誉世界。蒂芙尼蓝源于知更鸟蛋的颜色,属于Robin egg blue(知更鸟蛋蓝)的一种,视觉上更加清爽、素雅一些。蒂芙尼蓝是时尚最成功的色彩营销,成为其享誉世界的主打产品。经过一百多年的沉淀,国际流行色组织潘通(Panton)特意为该品牌调制蒂芙尼蓝,潘通色号为-1837。图8-4为蒂芙尼品牌的经典包装,图8-5为蒂芙尼蓝的潘通色号。

图8-4 蒂芙尼品牌的经典包装

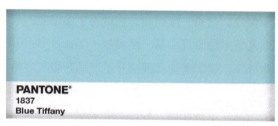

图8-5 蒂芙尼蓝的潘通色号

蒂芙尼的盒子只卖不送,只有蒂芙尼的贵客才能享有这份蒂芙尼蓝,这个准则由蒂芙尼的品牌创始人查尔斯·路易斯·蒂芙尼所规定,至今都未改变。西方人在新娘的婚礼上要穿四样东西,"something old, something new, something borrowed, something blue"(一样是旧的,一样是新的,一样是借的,一样是蓝色的)。所以在欧洲,人们已经把蒂芙尼的符号和幸福联系在一起。在家喻户晓的电影《蒂芙尼的早餐》中,蒂芙尼品牌被称为最成功的植入营销。为与时尚产业流行发展保持同一步调,蒂芙尼也选择了较为流行的跨界设计及联名合作,它凭借近万元的别针、毛线球、一次性水杯等成为国内社交媒体的热议话题。

由蒂芙尼蓝的营销策略我们可以看出,色彩营销、标识营销可以在短短0.67s里使消费者产生对产品相貌的第一印象,这其中,色彩的作用占67%。蒂芙尼将看起表面化的VI系统融入品牌的核心理念中,色彩与标识都是品牌意识的具象表达。

二、形象代言人

品牌形象代言人是指代表品牌发言、传播品牌信息的个人、动物或虚拟物,是品牌所有者聘请或塑造的,能让人们通过其形象、个性、品性的联想,对某种品牌产生美好印象的介质。形象代言人对品牌发展来说是一把双刃剑,其形象好坏会严重影响到品牌理念的传播,因此,企业在选取代言人的时候也需要多方面考量。

近些年,世界经济整体放缓,我国市场的消费结构正在发生变化,多数企业销售下滑,产品同质化严重,一些传统品牌竞争力大幅度下降。根据美特斯邦威的财报,仅2016年上半年,美特斯邦威的净亏损就达到了 6019.08 万元，年度亏损超 1 亿元，计划 3 年时间关闭 1500 余家门店。在美特斯邦威 20 周年之际，明星周杰伦、美特斯邦威董事长周成建和被视为美特斯邦威未来继承人的周邦威共同发布"有范"App，以期为品牌带来新的发展际遇。诞生在聚光灯下的"有范"，通过《奇葩说》冠名，被马东、高晓松、蔡康永调侃着推入"90 后""00 后"甚至是"10后"的世界，却并没有帮助美特斯邦威走出低迷。因此，对于品牌来说，代言人有利有弊，在不恰当的时机也没法发挥作用。

新老消费者更迭，已经逐渐成为消费主流的年轻群体不再认同传统品牌，它们需要建立或更新品牌形象，适应年轻一代需求。比如鄂尔多斯品牌，在大多数人记忆里，鄂尔多斯羊绒衫和老式百货商厦、爸爸妈妈辈紧紧联系在一起。从产品设计到整体的品牌形象，鄂尔多斯都过于陈旧和保守，很长一段时间，它成为了父母辈的代言，而 80 后、90 后正在毫不犹豫地抛弃它。前香奈儿艺术总监瓦法赫·杜福尔（Gilles Dufour）于 2008 年 11 月担任鄂尔多斯羊绒集团艺术总监以来，鄂尔多斯品牌拉开了产品升级的序幕。在某一季产品图拍摄中，杜福尔从一堆模特卡片中坚定不移地选中了刘雯。刘雯和赵磊的加入为鄂尔多斯注入了"年轻""时尚"的血液，鄂尔多斯从"羊绒品牌"转向"时装品牌"。由此可见，代言人可以为品牌带来较好的宣传效应，尤其是当企业面临升级转型背景下，选定契合品牌定位的代言人具有事半功倍的作用。图 8-6 为鄂尔多斯品牌标识升级前后对比。

升级后　升级前

图 8-6　鄂尔多斯品牌标识升级前后对比

三、包装、产品与服务

品牌产品的传播元素包括商品包装、产品、品牌服务等。这几类都与具体产品有关，是时尚品牌传播的基石。产品本身不具竞争性或名不副实，无论品牌标识多么精美、代言人如何宣传，都无法持久性地维持良好的品牌形象。相反，优质的产品才能使传播有的放矢，使其品牌形象保持一致性和持久性。

（一）包装

包装是品牌的缩影，它不仅起到保护商品的作用，还有装饰、点缀的效果。它的色彩、材质、式样的使用也体现了产品的品质、设计水准与品牌个性。它还能展示品牌的外在魅力，引发购买欲望。

现今网络热火的品牌野兽派凭借其艺术化的视觉环境布置、精美的产品设计以及独特的服务、包装设计成为目前消费者好感度较高的品牌。它从中国最好的花艺想成为中国最好的生活方式品牌，其品牌理念在产品包装领域率先转变，涵盖床品、餐桌、香氛、个人护理、生活装饰品等温暖、实用、包品质的全系列家居产品，为我们带来美而有趣的生活感受。图8-7为野兽派品牌的产品包装图片，精致、细腻的触觉感受迎合了年轻人的消费需求。

图8-7 野兽派品牌的产品包装图片

（二）产品

产品是服装品牌传播的基石，任何包装、宣传都是为了将这一产品推向市场。服装产品必须要有专业的品质，这样才能引发顾客消费兴趣、产生购买欲望、形成良好口碑和品牌忠诚度。可以说，产品是整个服装品牌传播的基石，如果产品的品质不能得到保证，那么整个品牌的良好形象就无从谈起。

（三）服务

品牌服务依附于产品而存在，是产品品质的一部分。有的厂家把服务放在产品中一起打包出售给消费者。如国内婚礼服品牌"兰玉"始终以产品质量及服务为重点，以消费者为关注中心，迎合顾客、会员的点滴喜好，能够在顾客生日、节假日给予问候，使得消费者能够感受到兰玉品牌对顾客的尊重与挂念。长此以往，顾客的忠诚度也就提高了，在此过程中，口碑传播就发挥作用了，口口相传的传播威力十分惊人。

第四节 服装品牌传播的手段

服装品牌传播是以传播、利用、控制信息为目的，对所有传播手段的一个整合过程。传播也是种资源，是对服装品牌提升知名度与美誉度、提高品牌溢价能力的有效途径。服装品牌传播主要包括以下手段。

一、广告

广告作为产品宣传的主要手段，它以策划为主题，以创意为重心，对目标手中进行以品牌名称、品牌定位、品牌个性等为主要内容的宣传活动。一般包含电视广告、直邮广告、互联网广告、移动广告、手机广告等。

不同品牌的传播渠道倾向性不一样，比如针对于年轻人的服装品牌更愿意在自媒体平台如微信、微博等发布广告，因为这个年龄段的消费者主要信息获取的模式就是以手机、电脑等移动媒体为主。所以，广告投放的首要关注点就是针对消费者找到广告载体。据资料显示，在美国排名前20位的品牌，每个品牌平均每年的广告费为3亿美元。广告在建立品牌认知、丰富品牌联想等方面发挥着重要作用。每当举办如奥运会、世界杯等重要赛事时，广告商的投入总是非常惊人，但这也是值得的，它能够带来全世界关注的目光，使得品牌的传播力量发挥到极致。

广告传播的主要内容如下。

（一）产品的功能性价值

某种产品所具有的功能是广告传播的第一要素，广告中如何将品牌的功能性价值发挥到最大化，如何使更多的消费者了解到此产品功能是品牌传播的一大难点。产品的功能性价值应该是首先被肯定的、首要被强调的，它是满足消费者进行购买行为的第一准则。

（二）自我表现性价值

时尚品牌所追求的理念、风格等体现品牌内涵的要素，通过广告为目标受众知晓。当广告具有亲和力，与受众的心理与情感诉求同步，与其社会地位匹配时，这样的品牌极易被目标受众接纳。通常时尚品牌广告内容最重要的是突出品牌核心价值及品牌形象，彰显品牌个性，无论是通过令人回味的绝美画面吸引消费者，还是通过情节生动的广告故事打动消费者，产品的自我表现价值是首要被肯定的。香奈儿5号香水的广告传播在这方面的操作可谓典范，该广告一方面有着惊人的视觉表现，如黑色、红色等纯色背景上耸立着个硕大的"S"字母，一个典型美女站在正中央，香奈儿5号香水已从美女的手中飞了起来，香水浪漫地在空中飘洒，给人一种强烈的视觉美感；另一方面又与其品牌内涵紧密地结合在一起，传达的是一种高尚、飘逸和典雅的感觉，让消费者可以去欣赏、品味和回忆。这种设计表达与品牌融为一体。

二、事件营销

所谓事件营销，是指企业通过策划、组织和利用具有新闻价值、社会影响以及名人效应的人物或事件，吸引媒体、社会团体和消费者的话题与关注，以求提高企业和产品的知名度、美誉度，树立良好品牌形象，并最终促成产品或服务销售的手段和方式。由于这种营销方式受众面广、爆发力强，在短时间内能使信息达到最大、最优传播的效果，为企业节约大量的宣传成本，近年来越来越多地受到品牌商的关注。时装发布会、各大盛典与派对，甚至部分带有政治色彩的聚会都成了明星名人的时装竞技场。其中时装发布会对品牌该季或下季服装的展示效果最明。时装发布会是服装品牌的独有形式，它将企业的品牌形象、设计风格在第一时间展示在受众面前，用视觉冲击说服品牌订购商和时尚编辑们。例如每年好莱坞都会举行被誉为时尚界奥斯卡的

"MET GALA"慈善晚宴，主办方会给予特定的主题，各路明星名人绞尽脑汁地准备晚宴着装，希望成为世界的瞩目焦点。2014 年，MET GALA 的主题为春花秋月，具有浓浓的中国味，中国元素成为这场晚宴的亮点，为展示品牌特色与个人魅力，名人明星与各品牌合作使得众多品牌脱颖而出，在世界范围内被争相报道。

在各大时尚活动中，明星们的每次亮相都会带动时尚热点。活动之后，各大网站、杂志对明星们着装的点评，在普通消费者中形成激烈讨论。一次成功的公关活动能使明星穿着的礼服的曝光率无限放大，看似无意却可以在短时间成就一个品牌。所以在这样的活动中各大品牌争抢明星穿着当季新款服装的情况也就司空见惯了。

三、公关传播

公关即公共关系，包括媒体关系、政府关系、社会关系、投资者关系等众多因素，它也是重要的服装传播手段之一，可以借助一定途径产生超越广告的可信度，帮助企业快速地塑造品牌形象、增加品牌的知名度和美誉度。

公关传播和广告传播在表达方式和表达内容方面都存在差异。广告传播注重创意，通过创意的新颖性和诉求的集中性来有针对性地传播信息；而公关传播注重新闻性和及时性，通过对新闻的策划和事件的推广来达到传递企业信息的作用。但很多企业将公关传播等同于广告传播，认为公关就是发"软文"，而且只要出钱，就应该在指定媒体、指定版面、指定时间发布新闻报道和公关文章，要求非常苛刻，这让许多公关公司无所适从。公关传播已经成为现代服装品牌传播的一大亮点，可借由一定新闻人物、网红、媒体进行侧面呼应。

四、人际传播

人际传播是人与人直接的信息沟通和情感交流活动，具有明显的社会性特征。在数字技术飞速发展的今天，品牌的人际传播呈现多样化趋势。

人际传播具有以下特点。

（1）互动性强。每个人都是信息的发布者，同时又是信息的接收者。

（2）表达形式多样。信息传播的表达符号多，语言、表情、视频都可以作为传播工具。

（3）信息反馈快，数据易于收集与分析。

（4）传递和接收信息的渠道多，方法灵活。

在人际传播过程中，我们需要注意的是注重人际传播方式的规范性，"水能载舟亦能覆舟"是正常现象。人际传播带来巨大好处的同时也面临一些弊端，比如容易以讹传讹，常出现不准确且未经考证的信息。因此，在人际传播模式下，对消费者的要求逐渐提高，这就要求我们要做有效的人际传播。

第五节 服装品牌传播的媒介

时尚传播媒介是指传播过程中信息传播者和受众的中介,是时尚信息的物质载体,是用来表达某种意图的静态或动态的物体。媒介选择与使用影响信息传播效果和受众对品牌的理解。

一、服装品牌传播的主要媒介

(一)平面媒体

杂志、报纸等平面媒体具有覆盖面广、曝光时段长的特点。自从电视、互联网等立体媒体问世以来,平面媒体就一直受到来自网络媒体的强大挑战,广告份额日益减少,媒介影响力越来越弱化。但在服装品牌传播领域中,尤其是国际知名品牌,平面媒体却一直保持其优势地位。这可能得益于平面媒体的艺术化视觉效果、定位明确、覆盖面广、传播灵活、渠道构建和产品制作成本低、说服性强、信任度高等特点。

自2015年以来,移动互联网迅速发展,较多的服装纸质媒体逐渐开设了杂志电子版,可供消费者在线阅读。一本《VOGUE》杂志刚印刷出来四五十元一本,但只要过了两三个月价格就会骤降。因此,对于平面媒体来说,压力和挑战并存,如何选择最优的宣传方式是企业必须考虑的。图8-8是VOGUE时尚网手机版。

图8-8 VOGUE时尚网手机版

(二)电视

电视是国际一线时尚品牌的重要宣传阵地。电视具有权威性高、覆盖率高,形象生动等特点。特别是在我国,电视台不得私人经营,而几乎全部(除港澳台地区)为政府经营,因此电视广告的准入门槛高、审查严格,收视率高的频道或节目的广告费高昂,这些都使普通的品牌望尘莫及。无形中,时尚品牌在电视的投放,带有一定的实力雄厚的深层含义,而且电视还有一定的权威发布的意味。这些都使电视具有独特的传播优势。

近年来,服装类节目开始走上电视频道。2018年,中央电视台制作的一档时尚文化竞技节目"时尚大师",主题是"让时尚触手可及,让世界爱上中国"。《时尚大师》以"时尚"破文化综艺之题,呈现出的时尚之美与文化之美,让观众从一个新的角度去理解中国文化。《时尚大师》

受到了《人民日报》《光明日报》等多家主流媒体的转载推荐，《人民日报》海外版还刊文评价：节目体现了央视在垂直类文化节目领域传播中国格调、创新传播形式、探索文化命题、打造未来维度的全新尝试。图8-9为《时尚大师》节目宣传及海报。

图 8-9 《时尚大师》节目宣传及海报

（三）新媒体

新媒体，包括互联网、手机、平板电脑等。其中互联网包括各大综合网站、专门性网站（购物网站、时尚网站、品牌类网站）、社交网站、企业专有网站、搜索引擎等。2011年中国的社交网络用户已达3.7亿，约占中国网民总数的75%，已经形成一个庞大的消费群，其商业营销价值开始不断被挖掘。

新媒体是这两年传播学和美学研究的热点。以互联网为代表的新媒体依赖于数字科技，既融合了多种媒体，又融合了虚拟世界和现实。这样的审美体验是多元的、动态的、开放的。当以人为信息发布源的网络媒体兴起以后，对传播产生了颠覆性的影响。其实，数字化、媒介化、个性化、碎片化等构成了整个媒介环境。图8-10是新媒体分类树状图。

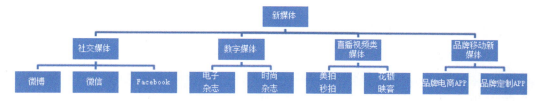

图 8-10 新媒体分类树状图

二、品牌创立各阶段的传播策划

总的来说，品牌的传播策划至关重要，这也是打破传统的"酒香不怕巷子深"的基础策略。品牌创立的不同阶段都会涉及品牌传播策划。一个品牌的建立会经历四个阶段。其一是品牌搭建期，主要目的是通过3～12个月建立品牌形象。在此过程中，可通过设计品牌形象，确定品牌调性和定位，搭建一个能让消费者接触品牌、了解品牌的窗口，设计系列产品线，最后建立电商店铺准备销售。

其二是品牌运营期。品牌运营期是在品牌基本形象、销售渠道搭建之后进行产品迭代发布、测试市场反馈的过程。一般情况下，我们可通过28理论进行产品研发。即20%的旗舰产品，展示品牌风格与理念；80%是长销产品，产品风格以市场流行度为准。运营期的目的是80%产品满足品牌生存需要，20%产品满足品牌发展需要，最终把前期设计的品牌调性落地成为一系列消费者能接受的产品线。

第三阶段是品牌沉淀期。该时期品牌会真正成长，拥有稳定的消费群。品牌多年累积的旗舰产品将成为品牌价值的护城河，有一定的品牌溢价能力。如我国本土设计师品牌江南布衣经历多年发展，在我国香港上市，也成为我国内地首家在港上市的设计师品牌。

第四阶段是品牌升级期。只有历经服装市场波浪风潮依然屹立的服装品牌具有成为经典的潜质。品牌需要根据每个时期的消费者不同而进行市场定位的调整。西方有较多服装品牌都是经历多年发展、多次更迭才能得以生存的。古驰品牌就是经典的案例。自2015年以来，它调整品牌战略布局，紧抓"千禧一带"的消费热潮，成为年增长率最高的奢侈品品牌，创造品牌爆款的同时也增加了世界范围内的品牌影响力。

三、品牌形象的搭建与传播

针对品牌不同时期的发展趋势，如何搭建品牌形象、传播品牌形象就是重要任务。我们可以从以下几点着手。

1. 品牌调性定位策划

根据品牌定位的终端客户群选择相适合的品牌形象、品牌核心理念及品牌调性，整体策划包括品牌名称、品牌标识设计、品牌调性定位、消费群体分析、市场分析、竞品分析、品牌形象设计、品牌产品线设计等。

2. 品牌动态形象宣传策划

一个品牌的动态视频对展现产品有直观功效，也是品牌展示给顾客的第一印象。对于目前流行的传播方式如微博、微信，多视频形象宣传是成本低、效率高的推广方式。动态形象宣传策划包含企业宣传视频、品牌宣传视频、产品宣传视频、企业文化宣传视频、员工宣传视频等。

3. 网站建设

网站是展示品牌最重要的窗口，任何潜在的消费者或顾客了解品牌最直接的渠道就是搜索品牌名称。建立符合品牌形象的网站是建立、宣传品牌形象的重要一环。搭建网站需要品牌介绍、产品及服务介绍、品牌故事、品牌视频等。

4. 自媒体平台搭建

品牌的官方微信公众号是目前服装消费环境下性价比较高的品牌形象展示及传播窗口。一个运营得当的公众号同时兼备形象展示、消费者引流、双向互动的功能。同时，官方微信还具有商城功能，便于线上交易。微信公众账号策划运作包括：公众号结构设计、公账号文章运营及微店搭建设计等。目前国内服装品牌大都建立了自己的公众账号，通过自媒体平台与粉丝、消费者产生互动。

如国内太平鸟女装建立了自己的官方微信平台，设置潮流发布、购物专区、PB 资讯三个板块，消费者直接在购物专区选择、购买。

5. 产品宣传信息

产品宣传图是展示产品的品牌调性的方式。品牌需要把产品放在使用场景或者符合品牌调性的氛围中表现，也可以用故事的形式去表现，传达出品牌理念、设计的附加值以及产品的故事。在线下店铺中，品牌的价值可以用店铺装修、导购讲解的方式传达。但是在电商以及其他互相网为渠道的场景中，都是需要通过产品宣传图去表达。产品宣传图包含产品海报、产品宣传册、产品介绍页。

6. 电商主题

设觉设计是品牌电商宣传最重要的部分。在电商的购物场景中，视觉体验直接影响产品销量。每个品牌的实体店都有统一的装修风格，打造每个品牌独特购物体验。同样，在电商渠道，每个品牌的网店都需要独特的主题风格设计，打造出不同于其他网店的品牌专卖店形象。相较于每个店面都需要重复花费成本的实体店装修，电商主题设计利用率更高，并且容易更换，可以搭配新品的题材风格进行设计，整体性更强。在电商领域最活跃的服装领域，品牌电商一年会更新 8~12 个主题风格。在视觉体验上，搭配每次上新的主题，打造购物的新鲜感。电商主题包括电商首页、导航栏、品牌故事页、会员页、产品关联页、产品详情页、主题品推广页、广告活动推广图等。

总之，品牌化是所有产品和企业的趋势。在市场上产品低端同质化严重，消费者对中高档产品的需求又得不到满足的现在，建立品牌形象，传递产品附加值才是我国制造业的升级方向。品牌是需要培养的，不仅仅是资金和时间的投入，而且需要在品牌形象的每个细节上用心打造。

思考与练习

1. 寻找某一服装品牌，分析其传播策略？
2. 你认为服装传播策略制定的首要条件是什么？
3. 设计师品牌与快时尚品牌的传播策略有什么差异性？
4. 大数据时代，服装品牌如何打造独立无二的传播模式？
5. 服装品牌传播的未来发展趋势是什么？
6. 自媒体平台的传播作用如何发挥？

第九章
服装商品企划案例

　　服装商品企划是理性数据与感性设计的相结合，在现今服装品牌的运作中起到至关重要的作用。本章选取具代表性的三个品牌，分别是时尚休闲的意织（YiZhi）品牌、个人原创设计师品牌Y-BRAND（袁味）、潮流引导COLOR（颜）品牌，根据它们的消费市场调研，结合品牌定位制订商品企划。需要说明的是，编者的商品企划均是对品牌下一年度的模拟企划，具有一定的超前性。

第一节　意织品牌2019~2020年秋冬服装商品企划

一、意织品牌简介及品牌定位

　　意织（YiZhi）品牌为时尚休闲品牌，包含意织WOMEN、意织MEN、意织MINI三条品类线，涉及男装、女装、童装等。它以"让每一位消费者感受时尚"为使命，秉持"闪耀自我"的品牌主张，致力于为消费者提供中等价位的优质时尚服饰。

二、意织品牌2019~2020年秋冬服装商品企划

（一）秋冬理念风格及主题设定

1. 倡导的品牌文化

　　本次意织品牌2019~2020年秋冬的商品企划创意来源于当下这个巨变的时代——时尚的多元共生。2019~2020年秋冬产品企划将维持一直以来意织品牌的产品风格，赋予女性自信、优雅、摩登的品牌理念。打造以"时尚、活力、亚洲"为侧重的品牌主线，使品牌具有敏锐的时尚捕捉力，绽放独特的品牌魅力，适合不断探寻全新形象的都市女性群体。

　　近年来，独立女性、平权主义、极简风格等观点强烈地影响消费者们的穿着方式。意织品牌着眼于现代美学，在迈向未来的同时，流露出怀旧的气息。意织品牌研究以菲比·费罗（Phoebe Philo）为代表的女性主义美学体系，将经验与传统、历史、民俗、日本设计美学和改良奢华运动风相结合，华丽印花、绚丽色彩融入情感并展现浓郁与浪漫特色，加上20世纪70年代运动风格和西方剪裁，将意织风格提升到一个新高度。因此，意织2019~2020年秋冬商品企划提倡"没有计划，不需要成为精打细算的女人"，放大女性性感中的自然性，相信女性不论身处何处都有再生力量。

2. 主题创意构建

（1）流行趋势。"可能性""好奇心"以及"寻找静止的感觉"是意织品牌2019～2020年秋冬企划时所呈现在脑海中的状态，就像创建了思琳（Céline）美学体系的设计师菲比·费罗强调的，我们应该关注女性真正想要什么、需要什么来填充衣橱，并且如何为其注入更多深刻而有意义的东西。

意织品牌2019～2020年秋冬企划的主题是"意织女性、意织态度"，在廓形上追求松散、慵懒的格调，它受20世纪80年代兴起的解构主义风格的影响。对松弛精神的追求在服装表现上最直接的体现就是在廓形上，这也是舒适视觉体验的来源。图9-1是该品牌2019～2020年秋冬廓形趋势解读。

意织品牌认为女性的美好理想需要合适的面料去解读，每个女性触碰、扭曲、翻转时，都应该使她们找到愉悦点。本季融入跳脱明亮的格纹，复古而怀旧；兼具饱满色彩与高科技化的元素花边，配合流苏点缀，辅料多使用不透明石头以及金属材质（图9-2、图9-3）。

图9-1 意织品牌2019～2020年秋冬廓形趋势解读

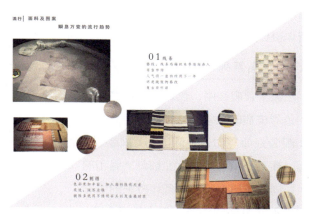

图9-2 意织品牌2019～2020年秋冬面料及图案趋势解读

图9-3 意织品牌2019～2020年秋冬流行色彩趋势解读

（2）灵感来源。意织品牌2019～2020年秋冬企划主打撞色元素，欧泊火红色和玛瑙红色碰撞出月光色、紫罗兰色和锆石蓝，呈现鲜亮外观，搭配动感色调，令人眼前一亮，月光色和苦艾色强化了数字科技的效果（图9-4）。光影之间、浩瀚宇宙，一呼一吸中都带有波光鳞洵的镭射丛影，使人想要逃脱却无法挣扎。脑海中似乎已经有超大廓形的剪裁水袖、长长的衬衫裙、线条利落的廓脚裤等经典单品、混搭层次穿搭及剪裁不规则的其他单品。

（二）春夏季商品构成

1. 产品开发占比

意织品牌根据主要的目标市场制订出产品开发企划，针对相应的女性客群将产品开发类别分为夹克、半身裙、连衣裙、衬衫/上衣、大衣，占比分别为3.5%、24.2%、48.3%、1.1%、28.1%。本系列由青年设计师邵靖雯创作。

2. 产品系列总览

在数十套服装中，色彩上使用格外纯粹的色彩斑斓的镭射光感登场，利落的裁剪让服装强而有力，不同的巧思如花边、交错、褶皱，则衬托出女性细腻、温和的一面，同时有更大胆的线条和抢眼的色彩搭配、不同风格的混搭，丰富但不烦琐，让人看一眼便留下深刻印象。意织品牌2019～2020年秋冬企划采用大量夸张、抢眼的木耳花边、PVC元素，除此之外，不得不提的是产品所投射出来的强烈的鲁吉亚风格、蝴蝶领结、大刀阔斧的格纹、细纹的面料，似乎快要游走在圣彼得堡和莫斯科之外的俄罗斯北郊，来自某一时期少数民族的日常穿搭，满足了对异族生活的悠闲、自在、随心而欲的未知想象。图9-5是意织品牌2019～2020年秋冬款式总览。

图9-4　意织品牌2019～2020年秋冬灵感来源

图9-5　意织品牌2019～2020年秋冬款式总览

3. 款式效果图展示

图 9-6 ～图 9-13 是该品牌 2019 ～ 2020 年秋冬服装效果图。

图 9-6　意织品牌 2019 ～ 2020 年秋冬服装效果图 1

图 9-7　意织品牌 2019 ～ 2020 年秋冬服装效果图 2

图 9-8　意织品牌 2019 ～ 2020 年秋冬服装效果图 3

图 9-9　意织品牌 2019 ～ 2020 年秋冬服装效果图 4

图9-10 意织品牌2019~2020年秋冬服装效果图5

图9-11 意织品牌2019~2020年秋冬服装效果图6

图9-12 意织品牌2019~2020年秋冬服装效果图7

图9-13 意织品牌2019~2020年秋冬服装效果图8

第二节　Y-BRAND品牌2019～2020春夏服装商品企划

一、Y-BRAND品牌简介及品牌定位

Y-BRAND（袁味）品牌定位于独立设计师品牌，取自设计师袁明月的首字母"Y"，它具有前瞻性的艺术洞察力和成熟的市场设计理念，每一年由设计师确定商品企划的主题、方案及实施环节，具有浓厚的设计师个人特色。

二、Y-BRAND品牌2019～2020年春夏服装商品企划

（一）春夏理念风格及主题设定

1. 倡导的品牌文化

喜欢时尚、潮流的女性一定看了不少外国时尚达人的穿着搭配，或性感迷人，或时尚前卫，但未必适合亚洲女性的身形。Y-BRAND提倡"服装魅力不应局限于对传统女性的刻板印象"，本次春夏企划更是大胆地利用现代色彩、廓形及工艺展现女性的独立自信、个性韵味。

Y-BRAND品牌2019～2020年春夏服装商品企划运用早春度假的风格理念，浪漫纯净的主题色彩仿佛带你回到20世纪的罗马街头，在这个系列中流行元素在激烈碰撞着，让消费者在形色各异的设计中寻找情感归属。

2. 主题创意构建

（1）流行趋势。盛夏的绿、山岩裸露的红褐色、日出时的焦黄与日落时散落人间的红色，最后还有洁净的天空。这一切美好的构想似乎离我们很远，其实又很近，似乎火车已经悄然来到了热情如春的南亚又或者是异域风情的中东，现在只需要收拾行装，奔向"悄然而至"的2019～2020年春夏服装。图9-14是2019年度春夏流行色解读。

图9-14　Y-BRAND品牌2019年度春夏流行色解读

在款式方面，跨界联名款的商业推动着当下潮流的发展，运动元素与定制风格巧妙地混搭融合，彰显青春与活力的同时增强了其实穿性与舒适性，改良过后的运动细节兼具装饰与功能性。清晰的轮廓借由局部的结构细节与比例的极端变化等将不同时期的元素混搭，令经典造型焕然一新。本系列中的百褶裙淋漓尽致地体现了"静若处子，动若脱兔"的女性仪态。极具品质且未加修饰的材质与简洁考究的剪裁勾勒出主题的基本轮廓，加长或是截断的裁剪与腰部的细节设计则表现出工装造型和潇洒女性造型。

（2）灵感来源。本次企划的主题设定为"悄然而至"。一场雷雨可以悄然无声地到来，可以忽然让你来到春夏季，而在人生成功的道路上，所谓的机遇、时机并不是悄然而至的。在人生的道路上，我们也可以悄然启程，随时出发去做任何我们热爱的事情以及追求我们热爱的生活。有的人喜欢拥抱世界，去记录来自不同国度的日出日落，捕捉花丛的芬芳，体会百态生活的方式。一切都将成为我们旅途中的纪念品，我们需要做的就是去保留这份真诚。图9-15就是本次设计的灵感来源。

图9-15　2019～2020年春夏服装灵感来源

（二）产品系列总览

本季企划使旅行纪念品的艺术至臻完善，服装产品明艳的色彩搭配，让人恍然觉得窗外的天气格外晴朗，度假时光就此开始。对本品牌设计师来说，纪念品不是那些返程归家时带回的小玩意儿，而是根据自己的旅行回忆产出一整个时装系列。也许是旅途的迷思让设计师深深陷入忧思，思索时光如何在实体世界上凿刻痕迹，又如何使周遭事物披覆年久而生的绿锈光泽。比如，Y-Brand呈现了青黄搭配，视觉感受温暖舒适；系列中那些飘逸的裙摆又是另一个明显的例子。

我们能在系列中看到设计师在时装设计上保持趣怪又充满个人特质的风格，且细节丰富，实在令人鼓舞。虽然本季不乏简单的棉质罩衫上衣和衬衫，但更有带有流苏的粗呢罩面短裙、带流苏的上装、阿拉伯风格的蕾丝长袍和羽毛般轻盈的多孔皮革。图9-16为Y-Brand品牌2019～2020年春夏款式总览。

图9-16　Y-Brand品牌2019～2020年春夏款式总览

第三节　COLOR品牌2019～2020年秋冬服装商品企划

一、COLOR品牌简介及品牌定位

COLOR 品牌是设计师任鹏依据"制作平衡面料、款式、价格及感觉的高级时装"的理念创建的。品牌完美体现着日式的精准、雅致、低调，有着适合亚洲人的独特剪裁和有口皆碑的面料肌理及图案设计。

创立至今，COLOR 品牌一直秉持着先进但不随波逐流的设计理念，不以流行风向盲目左右品牌的调性，而是将国际视野与开放心态置于研发多样化的设计主题、广泛汲取外界灵感上，着重在剪裁与面料的考究度方面下功夫上。因此，COLOR 品牌款式经典不易过时，不局限于亚洲审美，其典雅气质亦受到了欧洲市场的青睐。

二、COLOR品牌2019～2020年秋冬服装商品企划

（一）秋冬理念风格及主题设定

1. 秋冬企划理念

神秘是保护色，低调却不单调的用色、独特的剪裁、精致的缝纫技法、取材广泛的设计、独特丰富的质感是 COLOR 品牌 2019 ～ 2020 年秋冬服装商品企划的主要理念。"唯一本色"本次企划方案的主题，希望消费者能够通过服装企划找寻内心的唯一感受，成为时尚的个体，追求前卫的潮流。本次企划案相较于以往，更体现对于时装加法与文化杂糅的平衡与运用，处处可以体现设计者的深思熟虑，由此，COLOR 时装才能展现出成熟丰富、层次分明的独特气质。

2. 主题创意构建

（1）流行趋势。COLOR 品牌 2019 ～ 2020 年秋冬服装商品企划在造型方面以大廓形为主，它能更好地变换设计空间，采用局部夸张能让服装更具特色，同时能反衬女人身形的纤细。使用层叠肌理概念、格纹印花与毛呢材质，通过巧妙的平衡、融合手法，可以使产品既时尚前卫，又不带有厚重与老旧感，在质感与轻盈感方面取得双赢效果。

COLOR 品牌 2019 ～ 2020 年秋冬服装商品企划在面料肌理方面，采用精致花呢打造结合厚重的纹理外观，毛纺纤维与创新纱线混合在一起使其更具光泽感，珠皮细呢和毛粒纱线借助二次再造工艺赋予面料凹凸不平的纹理趣味，产品系列给任一种视觉形态的冲击感。此外，错编格纹中大尺寸图案赋予面料万花筒一般的迷人纹理，厚实纱线、扭曲绒线和扁平纱线混纺打造出不断变化和移动的视觉效果（图9-17、图9-18）。

图9-17 COLOR品牌2019～2020年流行趋势之大廓形

图9-18 COLOR品牌2019～2020年流行趋势之面料特征

（2）灵感来源。COLOR品牌时常跳出常规，打破束缚和条条框框。运用各种颜色、面料的拼接碰撞，不一样的思路打造出极具特色、有趣的服装，"狂野、破坏、野性"顺其自然地成为主题。你能看到设计师将自己对于世界的观察和想法，以及世界对他产生的印记和影响直接反映在衣服上，直接借由一种图像式的语言表达出来，创意与灵感存储于记忆中，记忆来源则庞杂无边，富含粗糙的冲突与叛逆，而又统一于糅合了街头与工装审美的设计里（图9-19）。

图9-19 COLOR品牌2019～2020年企划灵感来源

（二）产品系列总览

本季的灵感来自于自然生长之狂野性的、破坏性的"生存"愿景，使用了有机廓形来解读和表达。具体来说就是在周围世界的微妙停滞中寻找灵感，动物和植物图案都是作为印花或人造皮草夹克和人造皮草裙子相互搭配。

该系列讲述了COLOR品牌对材质混合的倾向以及深邃独特的色彩感受。让人沉醉于西部郊区或是美洲部落。生锈的色调，触觉装饰，帅气的皮衣和毯子裙，与往常一样模糊了性别的边界，在沉闷的外套上分层花边，将风衣解构成长裙。缀在衣服和衬衫上的绿色图案提供了一种古怪的触感。分层的剪影唤起了人们对都市生活的关注，毛衣和针织衫的肌理感特别吸引消费者。图9-20～图9-23为COLOR品牌2019～2020年秋冬效果图总览。

图9-20 COLOR品牌2019～2020年秋冬效果图总览1

图9-21 COLOR品牌2019～2020年秋冬效果图总览2

图9-22 COLOR品牌2019～2020年秋冬效果图总览3

图9-23 COLOR品牌2019～2020年秋冬效果图总览4

参考文献

[1] 刘丽. 基于快时尚理念的服装商品企划研究 [D]. 上海：东华大学，2014.

[2] 刘小刚，李峻，曹霄洁. 品牌服装运作 [M]. 上海：东华大学出版社，2007.

[3] 乔均. 市场营销学 [M]. 南京：河海大学出版社，1998.

[4] Margaret Bruce, Lucy Daly. Buyer Behaviour For Fast Fashion[J]. Journal of Fashion Marketing and Management, 2006, (10).

[5] 宁俊. 服装品牌企划实务 [M]. 北京：中国纺织出版社，2008.

[6] 冯小素. 中国式服装快时尚 [M]. 销售与市场，2010，(8).

[7] 许祖密. ABC 分析法在物料采购中的应用 [J]. 企业科技与发展，2009，(18).

[8] 刘勇. 浅谈服装商品企划 [J]. 服装设计师，2012，(7).

[9] 何可. 快时尚开启品牌发展之路 [J]. 中国质量报，2012，(2).

[10] 唐虹. 服装商品企划 [M]. 北京：化学工业出版社，2014.

[11] 门文丽. 快时尚商业模式比较研究 [D]. 北京：北京服装学院，2010.

[12] LIZ B, GAYNOR L G.Fast Fashioning the Supply Chain : Shaping the Research Agenda[J]. Journal of Fashion Marketing and Management, 2006, (3).

[13] 安妮. 服装品牌企划与运营 [M]. 北京：北京大学出版社，2013.

[14] 祝文欣，赵平. 服饰品牌商品企划 [M]. 北京：中国纺织出版社，2005.

[15] 李俊. 服装商品企划学 [M]. 北京：中国纺织出版社，2009.

[16] 朱光好. 时尚驱动·服装产品开发与运营 [M]. 北京：中国纺织出版社，2015.